작업실의 고양이

일러두기

_ 미술작품·영화는「 」, 단행본·잡지·신문은『 』, 전시회는 〈 〉로 묶어 표기했습니다.
_ 이 책에 수록된 작품 도판 및 작가가 제공한 사진의 저작권은 각 작가에게 있습니다.
저작권법에 의해 한국 내에서 보호를 받는 저작물이므로 무단 전재 및 복제를 금합니다.
_ 작가들이 제공한 사진은 다음과 같습니다. 도판을 제공하고 사용을 허락해주신 작가들께 깊은 감사를 드립니다.
ⓒ유재선_p.26 | ⓒ박활민_p.58 | ⓒ신유진_p.72, 73, 76 | ⓒ김하연_p.94 | ⓒ성유진_p.129 | ⓒ김여옥_p.141, 148~49 | ⓒ이재연_p.155~58, 161(오른쪽), 165(위 왼쪽), 169 | ⓒ김경화_p.192, 196~97, 203, 205 | ⓒ조은정_p.262~63, 268 | ⓒ홍경님_p.293, 295, 296, 298, 302(왼쪽), 303

이 도서의 국립중앙도서관 출판시도서목록(CIP)는 e-CIP 홈페이지(http://www.nl.go.kr/ecip)에서 이용하실 수 있습니다.
(CIP제어번호: 2011000891)

작업실의 고양이

고양이를 사랑한 젊은 예술가를 만나다

고경원 글·사진

책을 내며

고양이가 있는 작업실, 꿈을 이루는 공간

마음이 헛헛할 때 고양이를 살짝 안으면, 가슴 한가운데 뚫린 텅 빈 구멍이 채워지는 듯합니다. 그릉그릉 울리는 기분 좋은 소리, 따뜻한 체온, 묵직한 무게가 참 포근합니다. 한데 그렇게 사랑스러울 때가 있는가 하면 얄미운 고집쟁이 같은 면도 있고, 새침떼기 아가씨 같을 때도, 도무지 속을 모르겠다 싶을 때도 있습니다. 어느 것이 진짜 고양이의 얼굴이냐고 묻는다면, 천변만화하는 그 모든 모습이 고양이라 답하고 싶습니다.

  세 번째 고양이 책으로, 다양한 고양이의 매력을 작품에 담아낸 예술가 15명의 작업실 탐방기를 펴냅니다. 이 책은 크게 세 가지 이야기를 담고 있습니다. 첫 번째는 '고양이란 동물이 지닌 예술적인 매력'에 대해서입니다. 빈티지 인형과 고양이 그림이 어우러진 쿠션을 만드는 일러스트레이터 유재선, 돌고양이 스승님의 입을 빌려 참된 삶의 방식을 전하는 디자이너 박활민, 환상과 현실이 교차하는 고양이 나라를 그리는 일러스트레이터 마리캣, 고양이를 향한 그리움을 장신구에 새기는 금속공예가 신유진, 기이한 매력의 구체관절인형을 만드는 인형작가 이재연, 반인반수의 고양이 인간을 그리며 마음을 치유하는 화가 성유진, 길고양이를 찍는 생활사진가 김하연, 겁 많은 고양이에게 넓은 세상을 보여주고픈 화가 안미선, 수많은 길고양이와 비둘기 조각으로 전시장을 뒤덮은 설치미술가 김경화, 따스하고 포근한 모헤어로 고양이를 만드는 인형작가 권유진, 상상 속 개미요정과 고양이의 한바탕 소동을 그려낸 화가 신선미, 고양이의 날렵한 실루엣에 매료된 도예가 김여옥, 나무집을 짓고 다섯 마리 고양이와 사는 일러스트레이터 이소주, 흑표범을 닮은 고양이를 그릇에 그리는 도예가 조은정, 16년간 함께한 고양이와 사별한 상실감을 극복해가는 조각가 홍경님까지—세상에 존재하는 고양이의 다채로운 털 빛깔과 무늬만큼이나, 작가들이 매료된 고양이의 모습도 다양합니다. 작가들의 작품을 통해, 그런 고양이의 숨겨진 매력이 전해지길 바랍니다.

두 번째로, 젊은 작가들이 만들어가는 다양한 작업실을 보여드리고 싶었습니다. 돈이 부족하면 부족한 대로 임대료가 낮은 지역을 찾아가 자생적인 창작촌을 일궈낸 작가, 자신이 좋아하는 물건들로 가득한 가게 한쪽에 작업 방을 만든 작가, 교실과 공방을 함께 운영하는 작가, 뜻 맞는 사람들과 교류할 수 있는 카페를 열린 작업실로 만든 작가, 거리를 스튜디오 삼아 작품 활동을 하는 작가……. 그렇게 나만의 작업실을 만들 수많은 방법이 있다는 것을 알았습니다. 책상 하나, 방 한 칸만 있어도 멋진 작품이 탄생되는 모습을 보면서, 작업실이란 단순히 돈과 땅만으로 만들어지는 것이 아님을 깨닫습니다. 작업실은, 결국 작가의 의지와 아이디어를 통해 완성되는 곳이 아닐까요.

마지막으로, '고양이와 함께한다는 것'의 의미를 생각해보고 싶었습니다. 작가들 중에는 건강한 고양이와 살고 있는 분도 있지만, 아픈 고양이와 함께 투병하거나, 무지개다리 너머로 고양이를 떠나보낸 분도 있습니다. 동물과 함께 살고 싶다고 마음먹을 때, 사람들은 그들이 주는 기쁨만을 생각합니다. 그러나 언제나 기쁜 일만 있는 것은 아닙니다. 그들의 사랑스런 모습뿐 아니라 생로병사까지도 함께 겪었을 때 어떤 감정을 느꼈는지, 그 순간을 어떻게 책임지고 견뎌갔는지, 그 과정에서 느끼는 기쁨과 보람은 어떤 것인지, 함께 살아보기 전에는 알 수 없을 그 순간들을 전하고 싶습니다.

고양이와 한 집에서 살지 못하더라도, 고양이를 사랑할 수 있는 방법도 있습니다. 주변의 길고양이에게 마음을 주는 일이지요. 작업실 근처로 찾아오는 길고양이를 돌보거나, 길고양이에게 연민이나 경외심을 느껴 작품에 등장시킨 작가들의 작품을 통해, 길고양이에 대한 애정과 관심 또한 확산되기를 바랍니다. 내 고양이는 아니지만, 세상에는 우리 모두가 돌봐야 할 고양이도 존재하니까요.

첫 인터뷰를 시작한 게 2008년 12월인데, 2010년 12월이 되어서야 작가들과의 만남이 끝났습니다. 15명의 작가들이 고양이에게 매료되었듯, 저도 어느새 그분들을 사랑하게 되었습니다. 작업실과 집으로 선뜻 초대해준 작가들, 이 책의 모태가 된 칼럼 「예술가의 고양이」를 연재해준 웹진 『부커스』, 출판기념전 공간을 제공한 산토리니서울, 아트북스 손희경 편집장과 문성미 디자이너께 감사드립니다. 인터뷰를 하는 동안 때론 웃음이, 때론 애틋함이 묻어나는 이야기를 들으며 행복했습니다. 독자들께서도 고양이로 가득한 작가의 작업실을 눈으로 따라 거닐며, 함께 행복하시기 바랍니다.

2011년 2월 고경원

책 을 내 며
작 업 실 의 고 양 이

책을 내며 | 고양이가 있는 작업실, 꿈을 이루는 공간 • 004

말없이 다정한 나의 '고양이 삼촌' • 일러스트레이터 유재선 • 008
신비로운 고양이 왕국의 창조자 • 일러스트레이터 마리캣 • 028
'삶 디자인'을 이야기하는 고양이 스승님 • 디자이너 박활민 • 048
고양이의 추억 담은 나만의 장신구 • 금속공예가 신유진 • 068
길고양이 찍는 '찰카기 아저씨' • 생활사진가 김하연 • 090
마음의 평안을 찾아가는 '고양이 인간' • 화가 성유진 • 110
꿈꾸는 고양이의 금빛 날개 • 도예가 김여옥 • 132
낯설지만 매혹적인 메르헨의 세계 • 인형작가 이재연 • 152
앙큼한 고양이와 개미요정의 한판 승부 • 화가 신선미 • 170
소외된 동물들을 향한 인사, 굿모닝! • 설치미술가 김경화 • 190
낯선 세계로 비상을 꿈꾸는 봄 고양이 • 화가 안미선 • 210
양털 인형처럼 따스한 고양이 엄마 • 인형작가 권유진 • 232
세상 모든 물건을 고양이로 만들고픈 꿈 • 도예가 조은정 • 250
하늘을 나는 고양이와 보노보C • 일러스트레이터 이소주 • 270
상처의 기억을 껴안은 나무사람 • 조각가 홍경님 • 290

말없이 다정한 나의 '고양이 삼촌'

일러스트레이터 유재선

가끔 나에게도 작업실이 있었으면, 하고 상상해본다. 공간은 좁아도 상관없지만, 기왕이면 한쪽 벽에 큰 유리창이 있어서 햇살이 작업실 구석구석 오래 머물면 좋겠다. 창가에는 조그만 화분을 놓고, 꽃잎이 날개 펴는 소리에 귀 기울여야지. 혹시 작업실 문턱을 기웃대는 길고양이를 만나면, 밥그릇과 물그릇을 놓아주고 친구가 되어야지.

일러스트레이터 유재선의 작업실은 내가 꿈꾸던 이상향과 꼭 닮았다. 한적한 주택가라 소음에 시달릴 염려가 없고, 홍대입구역에서 그리 멀지 않아 작업하기에도 좋다. 게다가 정오께 작업실로 출근해 셔터를 올리면 슬그머니 얼굴을 내밀곤 밥을 졸라대는 길고양이까지 있으니, 고양이 작가의 작업실로는 더 바랄 게 없다. 여섯 살배기 고양이 제이와 단둘이 사는 작가는 고즈넉한 작업실 한편에서 고양이 그림을 그리고, 고양이 쿠션도 만든다.

다양한 분야에 관심이 많은 그를 일러스트레이터로만 규정하기엔 좀 서운하다. 그는 유리창에 마커로 그림을 그리는 윈도페인팅 작가이고, 빈티지 인형가게 사장님이자, 오래된 그림동화책과 잡지를 수집하는 고서점 주인이기도 하다. 2010년에는 그간의 작품을 모아 포트폴리오 격인 단행본 『고양이 삼촌』(레프트로드)도 펴냈다. 이렇듯 다양한 작가의 관심사를 한눈에 파악할 수 있는 곳, 일과 재미가 하나로 이어지는 공간이 바로 '고양이 삼촌' 유재선의 작업실이다.

유재선은 작업실을 반으로 나눠, 수집품 전시 공간 겸 작업 공간으로 활용한다. 통유리창 너머로 언뜻 보이는 방에는 손때 묻은 빈티지 인형, 장정이 예쁜 그림책, 오래된 영화 속에서 슬쩍 꺼내온 듯한 빈티지 소품 등 그가 소중히 여기는 보물들이 가득하다. 처음 작업실을 열었을 때, 동네 사람들은 '웬 총각이 인형 가게를 차렸나' 했단다. 심지어 골동품 가게인가 묻는 사람도 있었다.

"대학생 때는 영화 피규어를 모았어요. 처음 빈티지 인형을 산 건 2006년 일본 여

행을 할 때 구경 간 벼룩시장에서였어요. 1975년에 만들어진 건데, 너무 예쁜 거예요. 제가 1978년생이니까 저보다 더 오래된 거죠. 그때 2,500엔을 주고 샀는데 지금 되팔면 7~8만 원은 받을 수 있지만, 못 팔아요. 처음에는 소녀 인형 중심으로 모았는데, 나중에는 고무로 만든 동물 인형을 모으게 됐어요. 요즘은 주로 선루버 사의 1960년대 인형을 모아요."

빈티지 인형과 옛날 그림동화책을 모으기 시작하면서, 유재선은 2년 동안 주말마다 황학동 벼룩시장에 나갔다. 이베이 경매에서 낙찰받은 것도 있지만, 대부분 벼룩시장 현장에서 직접 발품을 팔아 산 것이다. 그때만 해도 빈티지 동화책이며 잡지를 많이 구할 수 있었지만, 2009년 무렵부터는 씨가 말라 찾아보기 어렵단다.

남들 눈에는 유행 지난 구닥다리로 보이거나 특이한 물건으로 치부될지라도, 그에게 빈티지 인형이나 오래된 동화책이 소중한 이유가 있다. 그 물건들이 그가 만드는 작품에 영감을 불어넣는 뮤즈 역할을 하기 때문이다. 그래서 작업하기 전에는 항상 모아뒀던 옛날 잡지를 펼쳐본다. 특히 『라이프』지에는 지금 시각으로 봐도 신선한 광고들이 많아서 좋다. 그림책이랑 동화책도 자주 본다. 오래된 것에서

변하지 않는 가치를 발견해내는 것이다.

"빈티지는 사용한 흔적이 남아 있기 때문에 좋아요. 새것이 아니라서 좋고요. 1940년대나 1960년대 잡지도 많이 갖고 있는데 디자인이나 편집, 일러스트레이션까지 모든 내용이 요즘 책에 비해도 뒤지지 않아요. 요즘도 훌륭한 일러스트레이터가 많지만, 이때 활동했던 작가들은 정말 잘 그리는 사람들이 많았구나 싶고요. 어떤 그림책은 책등이 예뻐서, 그것만 보고 구입한 것도 있어요."

유재선이 좋아하는 고양이에 빈티지 인형의 요소가 결합되어 탄생한 것이 바로 고양이 쿠션이다. 고양이를 의인화한 복고풍 캐릭터를 그리고, 그들의 손에 빈티지 인형과 소품을 쥐어줬다. 오뚝이 인형을 안은 고양이 소녀, 복고풍 뿔테안경에 헐렁한 바지를 입은 1970년대 올드스쿨 스타일의 고양이 소년이 하나둘 탄생했다. 그렇게 시작된 고양이 쿠션은 10종 세트로 완성됐다. 앞으로도 새로운 버전의 고양이 쿠션을 꾸준히 만들어갈 예정이다.

"실크스크린으로 밀어서 쿠션 천에 그림을 찍는데, 처음에는 저 혼자 밀다가, 사이즈가 커지면서 너무 힘들더라고요. 나중에는 실크스크린 밀어주시는 아저씨를 섭외해서 최소 수량으로 30~40장씩만 주문해서 만들기 시작했어요. 대량생산을 할 생각은 없었거든요. 그게 첫 고양이 쿠션이었어요."

전시 공간을 지나, 문 하나를 밀고 작은 방으로 들어서면 본격적으로 작업 공간이 보인다. 고양이 쿠션은 연필로 밑그림을 그린 다음 스캔을 받아서 태블릿으로 작업하고, 필름을 떠서 실크스크린 판을 만든 다음 수작업으로 찍어낸다. 태블릿으로 밑그림을 그리는 작업뿐 아니라, 실크스크린으로 인쇄한 천을 재단한 다음 쿠션 솜을 채워 넣는 작업까지 이 방에서 모두 이뤄진다. 일손이 바쁠 때면, 가끔은 누나의 도움을 받기도 한다.

"원래 대학에 입학할 때는 서양화 전공이었는데, 2년 공부하다가 시각디자인과로 바꿨어요. 고등학생 때부터 팬시나 문구 쪽 일을 하고 싶었거든요. 지금도 모든 일러스트레이션은 컴퓨터로 하고 있어요. 두 가지 전공을 경험한 게 작업에 큰 도움이 돼요. 지금은 큰 캔버스 작업이 너무 그리워서, 앞으로 기회가 닿는 대로 하고 싶어요."

작업실 한편에는 고양이 쿠션 초기 버전의 실크스크린 틀과 시제품이 있다. 현재 시판 중인 소년·소녀 고양이 쿠션과는 다른, 늘씬한 몸매의 성인 버전이다. 처음에는 손목 쿠션용으로 만든 거라 두께도 얇고 크기도 작았다. 그러나 재미 삼아 만든 손목 쿠션이 인기를 끌면서, 개량을 거쳐 지금의 대형 고양이 쿠션이 된 것이다.

"사람들 반응을 확인하고 싶어서 서울디자인올림픽 디자인마켓에 고양이 쿠션들을 가지고 나갔어요. 어린 여학생들이 정말 좋아했는데, 선뜻 사지 못하더라고요. 용돈으로 사기엔 가격이 너무 센 거죠. 그때 고양이 캐릭터가 들어간 달력을 천 원에 팔았는데, 그건 부담 없이 사갔어요. 그래서 가격을 저렴하게 책정할 수 있는 지류나 문구류도 본격적으로 개발하려고 해요."

빈티지풍의 고양이 소년·소녀 캐릭터가 자리를 잡으면, 크기와 재질만 달리해서 다양한 제품을 만들 수 있다. 유재선이 요즘 준비하는 제품은 옷을

갈아입히며 놀 수 있는 고양이 종이 인형, 그리고 고양이 그림이 있는 색칠공부 책이다. 그가 즐겨 그려 온 선묘화의 느낌을 최대한 살릴 수 있고, 가격이 싸서 많은 사람들이 부담 없이 구매할 수 있기 때문이다. 특히 색칠공부 책이나 종이 인형은 모두 어린 시절의 추억과 관련된 물건이라, 작가의 취향과도 잘 맞아떨어진다.

"누나가 둘 있는데요, 누나가 인형 옷을 만들어주면 저는 종이 인형을 그려주면서 놀았던 기억이 나요. 색칠공부 책도 정말 좋아했고요. 아직도 생각나는 게, 제가 유치원도 안 들어갔을 무렵인데 엄마 돈을 훔쳐서 문방구에서 색칠공부 책을 여섯 권인가 사다가 밤새 칠했던 기억이 나요. 엄마가 자라고 하는데도 빨리 색으로 채우고 싶어가지고 말이죠."

고양이 쿠션을 만드는 테이블 앞에 놓인 붓과 그림 도구들 사이로 함께 사는 고양이 제이의 그림이 보인다. 작가 이름인 '재선'의 영문 맨 첫 글자인 J를 따서 지어준 이름이다. 대학교 4학년 졸업 학기였던 2003년 수원에서 자취하면서 열 평짜리 오피스텔에 살던 무렵 처음 제이를 데려왔다. 그때만 해도 혼자 사는 남자가 고양이를 키우는 경우가 드물어서 화제가

되기도 했지만, 그는 어렸을 적 시골에 살았을 때 풀어놓고 키우는 동물들을 보며 자란 덕분에 고양이에 대한 거부감이 특별히 없었다고 한다. 하지만 아직도 부모님은 제이를 그리 탐탁지 않게 여긴다.

"제이가 처음 저에게 왔을 때는 3개월 된 아기 고양이였어요. 졸업 시즌에 맞춰서 서울로 오려고 방을 내놓았는데, 제가 없을 때 복덕방에서 집 보러 온 사람들에게 보여주려고 문을 열었다가 제이를 보고 다들 놀란 거죠. 고양이가 있어서 집이 싫다는 사람, 문 열어보고 무섭다며 바로 나간 사람도 있었대요. 복덕방에서 '고양이 때문에 집이 안 나가는데 어쩔 거냐'고 저희 집에 전화하고 나서 고양이 버리라고 난리가 났어요. 지금은 이사를 자주 안 하니까 그럴 일은 없는데, 그때는 고양이를 키우는 것에 집에서 반대가 컸었죠."

한번 고양이를 좋아하게 되니, 유럽 여행을 가서도 다른 사람이 풍경에 감탄할 때 그는 길고양이에게만 눈길이 갔다. 그래서 찍어온 사진들을 뒤져 보면 온통 고양이 사진뿐이다. 이른바 '유럽 고양이 여행'을 하고 온 셈이다. 어린 조카는 고양이를 유달리 좋아하는 삼촌에게 '고양이 삼촌'이란 별명을 붙여주었다.

"제가 유전적으로 천식이 있는데, 그래도 견딜 만해요. 털만 날리지 않으면 좋겠지

말없이 다정한 나의 '고양이 삼촌'
일러스트레이터 유재선

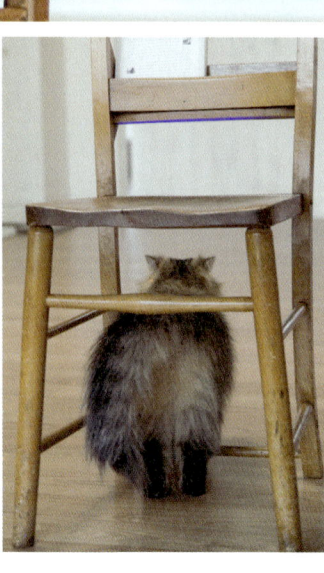

만······. 제이는 친칠라종이라 털 색깔이 참 예뻐요. 저 외의 다른 사람에게는 차갑고 까칠하게 대하는데, 친구들이 안아보고 싶어해도 너무 낯을 가려서 안타깝죠. 하지만 저는 제이가 저만 알아봐주고 다정하게 대하는 게 오히려 매력으로 느껴져요."

2009년 5월경 이곳에 작업실을 얻고 나서 제일 신경이 쓰였던 것도 제이였다. 그전까지는 집에서 하루 종일 함께 있곤 했는데, 이젠 오전 11시에서 정오 사이에 집을 나와 자정께 들어가니 하루 종일 혼자 있을 제이가 걱정스러웠다. 그래서 집도 일부러 작업실과 가까운 곳으로 구했다. 걸어서 10여 분이면 갈 수 있는 거리여서, 짬짬이 제이랑 놀아주고 다시 작업실로 돌아온다.

"제이도 여섯 살이라 예전 같지 않네요. 제가 항상 같이 있어주지 않아서 그런지, 옛날에 좋아하던 쥐 인형도 시큰둥하고······. 확실히 변화를 좀 느끼나 봐요. 함께 있는 동안은 최대한 예뻐해주지만, 항상 같이 있을 때랑 다른 것 같아요."

고양이가 없는 동안의 아쉬움은 작업실 근처 길고양이가 쏠쏠하게 채워주고 있다. 요즘 작업실로 놀러오는 길고양이는 모두 세 마리. 겨울부터 하얀 고양이가 안 보이기 시작해 걱정이란다. 두 마리 중 한 마리는 매일 출근도장을 찍다시피 한다. 그 고양이에겐 '나비'라는 이름도 지어줬다. 중성화 수술을 했다는 표시로 한쪽 귀 끝이 조금 잘린 것을 보면, 근처에 돌봐주는 사람이 있는 길고양이인 모양이다.

누구나 부담 없이 살 수 있는 고양이 문구를 구상 중인 유재선에게는 또 다른 꿈이 있다. 대중적인 디자인 문구 작업과 더불어, 마음대로 그려나갈 수

있는 순수회화 작업을 병행하는 것이다.

"제가 그린 고양이 캐릭터도 지금처럼 선만 있으면 그냥 일러스트지만, 이걸 회화적으로 풀면 재미있을 것 같아요. 제가 좋아하는 장난감 종류에 고양이 그림을 접목시킬 건데요. 이를테면 오뚝이 인형과 고양이를 100호짜리 캔버스에 그리는 거죠. 그림에 들어가는 소품이나 패턴에 빈티지 요소를 접목시켜서 재미있는 회화 작업을 하고 싶어요."

그날, 유재선의 작업실에서 고양이 쿠션 하나를 데리고 왔다. 작가가 정성스레 포장해준 비닐을 벗기고, 쿠션을 품에 안아본다. 볕이 잘 드는 작업실 창가를 오래 지키면서 쌓인 먼지 냄새, 햇빛 냄새가 난다. 꼭 고양이 한 마리만큼의 따뜻함과 포근함이 느껴졌다. 신기하게도 진짜 고양이를 품에 안은 것 같았다. 그 쿠션이 현실의 고양이와 비슷한 부피를 지녔기 때문만은 아니다. 그 속에는 한 남자가 고양이와 함께해온 6년의 시간이 스며 있으니까. 나는 그 추억의 따스함을 포옹한 것이다.

온라인 가게 ▶ 재선샵 http://www.jaesun-shop.com
블로그 ▶ 삼촌이 있는 작업실 http://blog.naver.com/jsun4574

신비로운 고양이 왕국의 창조자

일러스트레이터 마리캣

"달력 80부만 찍고 싶은데요……."

충무로 인쇄골목 따라 빼곡하게 들어선 인쇄소를 기웃기웃하던 대학생이 어렵게 입을 연다. 그러나 대량 인쇄를 다루는 일감이 대부분인 인쇄소에서, 고작 80부짜리 달력이란 말에 돌아오는 반응은 싸늘했다. 문전박대에 눈물을 삼키며 골목을 전전했던 10년 전 그 대학생은, 이제 고양이 일러스트레이션 하면 가장 먼저 떠오르는 작가 '마리캣'으로 살고 있다. 매년 출시되는 그의 고양이 달력과 다이어리를 모으는 마니아층도 생겨났다.

마리캣의 출근 시간은 달랑 1초. 침실 문을 열고 세 발짝 걸으면 있는 바로 옆방이 작업실이다. 침실이 바로 옆이지만 작업실에도 접이식 침대를 따로 두고, 일이 많으면 거기서 쪽잠을 잔다. 10년 내내 고양이 그림만 그렸으니 이제 '고양이 그림의 달인, 마리캣 선생'이라 불러도 될 법한데, 그는 손사래를 친다. 아직도 자기 그림을 보면 시원찮아 보이고 마음에 들지 않는단다. 그래서 본격적인 작품을 하지 않을 때도 틈틈이 손을 풀기 위해 그림을 그린다.

그가 고양이의 동세를 연습한 노트 한쪽 면에는 영어교재가 프린트되어 있다. 크로키북을 쓰면 될 텐데 왜 굳이 이면지를 고집하나 했더니, 지구를 지키기 위해서란다. 좀 거창하게 들릴지도 모르지만, 그는 당연하다는 얼굴이다. 아마존 삼림에서 종이를 만들기 위해 베이는 나무를 생각하면, 당장 내 주변의 종이부터 아껴야 하지 않겠느냐는 것이다. 색연필도 손톱만큼 작아질 때까지 볼펜 깍지에 끼워 쓴다. 앙증맞은 꼬마 색연필 중에는 1센티미터를 간신히 넘길 만큼 작은 것도 있다.

신비로운 고양이 왕국의 창조자
일러스트레이터 마리캣

작업실을 둘러보는 동안 고양이들이 한 마리씩 나와서 아는 체를 한다. 뭐라 뭐라 앵알거리는 녀석, 킁킁 냄새 맡으며 내 종아리에 꼬리를 탁탁 치는 녀석까지. 고양이들의 다정한 인사에 까만 바지가 금세 털 범벅이 된다. 안 보이긴 해도 아마 발바닥에도 털이 엄청 붙었을 거라며 마리캣이 웃는다.

하긴 고양이 한 마리만 키워도 날리는 털이 만만치 않은데, 네 마리나 되면 어련하랴 싶다. 모두 길에서 데려온 업둥이들인데, 그중에서도 1998년에 입양한 첫째 마리에 대한 마음이 가장 깊다. 마리캣이라는 닉네임도, 회사명인 마리캣그래픽스도 모두 마리의 이름에서 따온 것이다. 마리캣은 마리를 '내 영혼의 고양이'라 부른다.

종교미술에 관심이 많은 마리캣은 중국 실크로드 석굴군을 여행하는 것이 꿈이었지만, 마리를 생각하면 오래 집을 비워야 하는 해외여행은 엄두도 낼 수 없다. 함께할 날이 얼마 남지 않았다고 생각하면 하루도 떨어져 있기가 싫다. 일이 있어 잠시 외출해도, 혹시나 하는 불안한 마음에 최대한 빨리 돌아온다.

"제일 무서운 때는요. 마리가 종이 박스 같은 데 올라가 있다가 착지를 못하고 몸이 굳어서 그대로 툭, 떨어지는 거예요. 몇 번을 그래서 너무 놀랐어요. 몸이 뻣뻣하게 마비돼서 팔다리도 못 가누고, 그러다가도 멀쩡하게 일어나 돌아다니니……. 그런 때는 다른 방법이 없어서, 그냥 안아주고 안심시켜주는 걸로 마음을 풀어줘요. 마리에겐 사랑이 최고예요. '내가 언제까지나 너와 함께 있다'고 알려주는 거죠. 마리는 제가 없으면 불안해하거든요. 그래서 항상 눈에 띄는 데 있어야 해요."

사람으로 치면 할머니뻘인데다, 최근 친구들이 키우는 고양이가 여럿 세상을 떠난 탓에 더 불안하다. 병원에도 가봤지만, 노환으로 인한 기능장애 탓이라 고치기 어렵다 했다. 애가 타지만 그저 지켜볼 수밖에 없다.

"사람이 죽을 때가 되면 그렇게 몸이 춥대요. 몸 안으로부터 체온이 꺼져가니까, 얼어 죽을 것처럼 냉기가 돈다는 거예요. 그때 제가 없으면 얼마나 외롭고 무섭겠어요. 임종을 못 지키면 평생 한이 될 것 같아서 되도록 집에 있으려고 해요. 마음의 준비를 하고는 있어요. 고양이 나이로는 저만큼도 많이 산 거라고 하니까……."

마리캣의 작업실에 사는 고양이 식구 네 마리는 다들 성격이 드센 편이라, 함께 살면서 마음고생, 몸 고생을 톡톡히 했다. 집에서 일어난 일을 사실대로

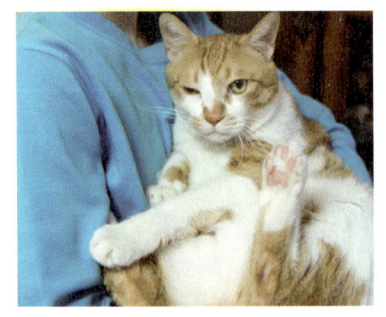

다 이야기하면 못 믿을 정도란다. 마리 때문에 얼굴을 다쳐 성형수술을 할 뻔한 적도 있다.

"한밤중에 누가 얼굴을 팍 때려서 일어나 보니 얼굴이 온통 피투성이였어요. 마리가 제 얼굴을 발판 삼아서 도움닫기를 한

신비로운 고양이 왕국의 창조자
일러스트레이터 마리캣

거죠. 인중이 대각선으로 찢어졌는데, 고양이가 얼굴 위로 뛰어갔다니까 의사가 믿질 않았어요. 다행히 흉은 안 남았지만, 그밖에도 기절할 일이 많았죠. 시도는 제가 일할 때 의자 팔걸이에 네 다리로 아슬아슬하게 서 있거나 '여보게, 저승 갈 때 뭘 가지고 가지?' 하는 것처럼 제 어깨를 앞발로 탁 짚어요. 노마는 키가 커서 방문 손잡이를 열고 방으로 불쑥 들어오는데다가, 노트북 전원을 빼면 무슨 일이 일어난다는 걸 아는지, 자꾸 콘센트를 뽑아요. 다른 집에서는 1년에 몇 번 일어나기도 힘든 일인데, 이놈의 고양이들은 힘이 너무 넘쳐서 힘들어요. 그럴 땐 그냥 내 팔자가 세구나, 하고 말아요."

고양이와 함께한 파란만장한 세월 때문일까, 마리캣의 고양이 그림에서는 남다른 생생함이 묻어난다. 대학생이었던 2000년부터 고양이를 그리기 시작했으니, 고양이 작가로 나선 것도 이제 10년이 넘었다. 대학교 때 중세 채색 필사본에 매료되었고, 동남아시아와 이슬람권 미술에도 관심이 많다 보니, 자연스레 이국적인 느낌이 그림 속에 배어난다. 여행을 다니며 구입한 수집품이나, 현지에서 스케치한 풍경에서 작품의 모티프를 얻기도 한다.

2009년 1월에는 그간 그려온 그림들을 엄선해 12가지 주제로 묶은 작품집 『The Catbook』 제2권도 펴냈다. 중세 필사본을 연상시키는 장식 문양 한가운데, 아메리칸 숏헤어종 고양이 '보리'가 요염하게 누워 있다. 2004년도 다이어리로 기획한 『The Catbook』 제1권의 표지 디자인을 그대로 가져온 것이다. 여기에는 초심으로 돌아가려는 마리캣의 다짐이 담겨 있다.

"2009년 마리캣 다이어리처럼 글이 들어가는 새로운 형식을 시도하다 보니까, 원래 추구했던 클래식 스타일에서 너무 멀어졌다는 생각이 들었어요. 그런 그림을 다시 그리고 싶어요. 며칠 동안 온 힘을 다해 그리고 나서 앓아누울 정도로 지독하고 치열한 그림이요."

사람들이 좋아하는 마리캣의 그림 스타일은 주로 고양이의 엉뚱한 행동을 귀엽고 재미있게 풍자하거나, 꽃과 고양이를 함께 그린 화려하고 장식적인 스타일이다. 하지만 마리캣이 가장 몰입하는 그림은 대중적인 취향과는 조금 다르다. 그는 꿈과 현실의 모호한 경계를 건드리는 그림에 마음이 끌린다 했다.

"저는 이 세상 모든 것이 살아 있다는 느낌이 들어요. 그래서 그림 속의 대상이 살아서 현실세계로 나오는 식의 환상주의나 초현실주의가 좋아요. 어둡고 강렬한 것, 치명적인 요소가 있는 그림에 마음이 끌려요. 특히 빨간색에 집착해요. 그냥 마음에 끌리는 정도가 아니라, 빨간색에 홀리면 정신을 못 차리고 몸살이 나요."

마음속 깊은 곳의 그림자를 상징하는 검은색도 그의 마음을 사로잡는다. 마리캣은 어두운 물밑 풍경처럼 어둡고 음습한 '검은 사람'의 이미지 때문에 잠을 이루지 못할 때가 있었다고 했다. 검은 사람의 이미지는 두렵고 낯설지만, 때론 그에게 마음의 고통을 극복할 힘이 되어주기도 한다. 아무것도 없는 듯 보여도 모든 것을 품은 어둠의 속성이 그렇듯이, 양면성을 지닌 색이 검정

「Cinderella」, 종이에 아크릴릭, 47×56cm, 2010

이기 때문이다. 화려하고 장식적인 마리캣 다이어리만을 기억하는 사람들에게, 이런 이야기는 다소 낯선 고백일지 모른다. 그러나 심리학자 칼 구스타프 융에게 매료된 그는 무의식의 세계에 깊은 관심이 있다. 그래서 자신의 마음속에 잠재된 이미지에 눈을 돌리고, 떠오르는 형상을 색깔로 표현하고자 한다. 그의 그림에서 가장 먼저 눈길을 사로잡는 것은 정밀하게 묘사된 고양이와 그를 둘러싼 아름다운 풍경이지만, 그 그림체를 도드라지게 받쳐주는 색깔들은 피처럼 붉고, 그림자처럼 어두운 무의식의 빛깔을 띤다.

그런 의미에서 2003년에 그린 『The Catbook』 제1권의 고양이 그림은 마리캣에게 있어 각별하다. 흰색과 검정색 줄무늬의 대비가 강렬한 고양이 보리를 검붉은 바탕 위에 그리면서, 붉은색과 검은색에 유독 마음이 끌리는 이유를 자각한 것이다. 고양이와 관련된 작업을 10년쯤 하다 보니 변하는 부분이 있고 변하지 않는 부분도 있지만, 앞으로도 절대 변하지 않을 것은 보리를 그리며 얻은 '색에 대한 자각'이다. 마리캣이 지금껏 만들어온 다이어리가 일관되게 붉은색 표지를 유지해왔음을 떠올리면, 붉은색에 대한 그의 애착을 짐작할 수 있다. 명도와 채도가 다르고 저마다 다른 이름이 붙어 있는 빨강이라도, 우리는 그 색깔을 '붉다'고 인식한다. 마리캣의 그림도 그렇다. 밝고 명랑한 마리캣, 어두운 마음의 그림자를 보는 마리캣, 화려하고 고혹적인 마리캣은 모두 그의 다른 얼굴일 뿐이다. 인간이 누구나 마음속에 가면을 한두 개씩 갖고 있듯이, 그는 그림 속에 자신의 페르소나를 풀어낸다.

2009년 마리캣 다이어리에 수록한, 흰 고양이 마리와 검은 고양이 카라가 잃어버린 날개를 찾아 떠나는 모험 이야기는, 그의 내면에서 펼쳐지는 갈등과 성장의 과정을 형상화한 것에 다름 아니다. 마음속 심연에 존재하는 빛과 어둠에 대한 탐구는 평생을 다루고 싶은 주제다. 2010년 12월 윤갤러리에서 열린 마리캣의 두 번째 개인전 〈나는 숲으로 간다〉에 실린 작가 노트에는 그 심연을 들여다보고 원초적인 동물들의 형상을 발견해낸 작가의 마음이 잘 드러나 있다.

마음의 심연을 오래도록 들여다보면, 그 안의 많은 것들이 말을 걸어옵니다. 그것들은 주로 동물의 형상으로 내게 다가옵니다. 장난스럽기도 하고 맹수처럼 사납기도 하며, 천진난만하고 사랑스럽다가 돌연 어두운 마성을 뿜어내기도 합니다. 신비하고 매력적이며 불가사의하기까지 한 그 심연의 공간을 나는 숲이라고 부릅니다. 그리고 그 숲의 어둠을 찾아, 그 안에서 반짝이는 동물의 눈빛을 찾아 숲으로 들어갑니다. 인간과 다른 동식물들은 서로 모습은 다르지만, 같은 마음의 바탕을

「Unknown Child」, 종이에 아크릴릭, 47×56cm, 2010

가진 진화의 형제들입니다. 무수히 뻗어나가는
진화의 가지에서, 서로 다른 가지 끝에 핀 꽃입
니다. 인간의 몸에도, 다른 생물들의 몸에도 단
순하고 원시적인 구조로부터 진화해온 흔적들
이 그대로 남겨져 있습니다. 그것은 모두의 생
명의 바탕을 이루는 물질적 토대가 같으며, 지
구라는 같은 행성에서 오랜 시간대를 이어 살
아왔기 때문입니다. 나는 동물 그림을 그리며 그
런 동질감을 확인합니다.

 마리캣의 작업실 한쪽을 차지한 진열장엔 해외여행을 다니며 틈틈이 모은 고양이 장식물이 가득하다. 일본의 여자아이 축제인 히나마쓰리 때 장식하는 히나 인형을 고양이 모양으로 만든 것, 베네치아에서 사 온 고양이 마리오네트와 고양이 가면, 고양이로 만든 체스 말까지, 고양이 마니아라면 군침을 삼킬 만한 소장품들이 빼곡하다. 고양이를 좋아하는 사람들이 다들 그렇듯, 그도 귀여운 고양이 장식물을 보면 그냥 지나치지 못한다. 하물며 여행지의 추억이 담긴 물건이라면 더욱 그럴 것이다. 다양한 나라에서 모은 고양이 기념품은 마리캣의 그림 속에 소품으로 종종 등장하곤 한다.
"제일 애착이 가는 물건이 베네치아에서 산 고양이 마리오네트인데요. 간판도 없

고 장사할 마음도 별로 없는 것처럼 생긴 가게였는데, 전시된 인형들을 보면 정말 굉장해요. 베네치아가 『장화 신은 고양이』의 도시잖아요. 그러니까 고양이 기사도, 공주도 있고, 어린애만 한 크기의 고양이도 있었어요. 기본적으로 100만 원이 넘는 게 많아요. 거의 보물급이죠."

베네치아 여행은 마리캣에게 또 다른 인연을 만들어 주었다. 고양이 가면을 샀던 베네치아의 가면 가게 주인에게 기념 삼아 마리가 들어간 포스터를 만들어 보냈더니, 손님들이 '저 고양이 그림도 예쁜데 왜 안 파느냐'고 성화

신비로운 고양이 왕국의 창조자
일러스트레이터 마리캣

더란다. 결국 그림 파일을 가게로 보내, 포스터로 만들어 팔 수 있게 했다.

　마리캣이 소장한 고양이 기념품을 보고 있자니 하도 앙증맞고 귀여워서 고양이 박물관이라도 하나 차리면 좋겠다 싶다. 부엉이 박물관, 닭 박물관, 나비 박물관도 있는 마당에, 고양이 박물관도 하나쯤 있다면 얼마나 좋을까. 그런 생각을 이야기하니 마리캣도 맞장구를 친다.

"10년은 무척 짧은 시간이라고 생각해요. 처음 그림 그릴 때 10년은 기본기를 닦아야지 생각하고, 10년이 지나면 되게 그림을 잘 그릴 수 있을 거라고 생각했는데 아닌 거예요. 20대에는 제 브랜드를 갖는 게 꿈이었죠. 이제 30대가 됐으니까 그림의 밀도를 높여서 좀 더 큰 그림을 그리고 싶고, 40대에는 고양이 미술관을 열고 싶고……. 그게 제 희망사항이에요."

　마리캣이 그린 그림과 소장품을 모아 만든 고양이 미술관이 문을 열면, 꼭 한번 가보고 싶다. 앞으로 10년은 더 기다려야 하겠지만, 그 시간의 무게만큼 탄탄한 밀도를 지니게 될 그림들을 기대하면서. 마리캣의 고양이 미술관에는 달력이나 다이어리처럼 대중적인 물건에 담기 힘든 내밀한 이야기를 담은 그림들도 있을 것이다. 10년 후 그의 고양이 미술관에 걸려 있을 그림들을 모두 보고서야, 나는 비로소 마리캣을 온전히 만났다고 말할 수 있을 것 같다.

홈페이지 ▶ http://www.mariecat.com

'삶 디자인'을 이야기하는 고양이 스승님

디자이너 박활민

쌀집고양이를 생각하면, 지금도 신기루를 본 것만 같다. 2009년 8월부터 2010년 2월까지 상수동에 잠시 문을 열었던 쌀집고양이. 가난한 예술가에게 값싼 한 끼 밥을 제공하고, 대안적인 삶을 고민하는 사람들이 모임을 열고, 긴 여행을 꿈꾸는 이들이 주인장의 대형 배낭을 빌리러 오곤 했던 그곳은, 이제 홍대 앞에 없다. 주인장이 '인생 방학'을 선포하고 떠났기 때문이다. 오래 일한 이에게 안식년이 필요하듯, 그에게도 방학이 필요했겠지 생각하면서도, 연락 없이 소식을 끊은 친구의 이야기를 전해들은 듯 아쉬움이 남는다. 이제 더 이상 갈 수 없기에 전설이 되어버린 쌀집고양이지만, 삶디자이너 박활민의 이야기를 하기 위해선 다시 기억 속의 그 장소로 돌아가야만 한다.

홍대 앞에는 쌀집고양이란 채식카레집이 있었다. 벽과 기둥 곳곳에 붙은 인도 길고양이 사진과 주인장이 그린 고양이 그림, 입구에 들어서자마자 보이는 고양이 신전 한가운데 자리 잡은 돌고양이 덕에, 쌀집고양이는 고양이를 좋아하는 이들의 비밀스런 아지트처럼 보인다. 햇살 좋은 인도의 게스트하우스처럼 한가로운 이곳은 마음을 느긋하게 만든다. 자연의 한 자락을 담아온 듯 곳곳에 가득한 식물들 사이로 머리를 기울이면, 어느새 마음도 평화로워진다.

채식카레를 주 메뉴로 내세우며 문을 열었지만, 쌀집고양이에서 파는 건 카레만이 아니었다. 한때 인도와 네팔을 떠돌던 주인의 흔적이 담긴 대형 배낭을 무료로 빌려주고, 여행의 추억을 담은 전시가 열리는가 하면, 생태·환경 다큐멘터리를 함께 보며 좋은 삶이란 무엇인가를 논의하는 '쌀고 수요모

'삶 디자인'을 이야기하는 고양이 스승님
디 자 이 너   박 활 민

쌀고수요모임
쌀고에서는 매주 수요일
저녁9시에 쌀고수요모임
을 합니다. 삶에 지혜를
나누어주는 다큐멘터리도
보고요, 여행이야기도 하구요
쌀고에 오는분들의 이야기를
나누는 즐거운 자리입니다.
참가비는 없음이고요
관심있으시분은 카페를 참조
하세요.
두번째,
'쌀고수요모임'
10월 14일 수요일 9시
에 있습니다.
윤리적소비자 마을 영국의
〈토트네스〉 다큐를
보아요. 관심있으신 분
누구나 환영하구요
1회때에는
파울로 코엘료의
〈산티아고순례길〉을
즐겁게 보았습니다.
네이버 카페
〈홍대 쌀집고양이〉
참고하세유~

고양이신전

임'도 열렸다. 쌀집고양이에서 열리는 모든 행사의 중심에는 '쌀고 이장님' 박활민이 있다. 사장님이란 말 대신 이장님이라고 불러달라는 그의 말에는, 쌀집고양이를 마을 공동체와 같은 장소로 만들고 싶은 마음이 담겼다.

처음 박활민을 알게 된 것은 블로그를 통해서였다. '라모'라는 닉네임으로 인도의 다르질링 여행기를 간간이 올리던 그의 블로그를 처음 접했을 때, 글쓴이가 여자일 거라 생각했다. 여행기에 나오는 고양이 캐릭터는, 분명 긴 머리를 질끈 묶고 밀짚모자를 쓴 아가씨의 모습이었으니까. 귀여운 그림체에 또박또박 손으로 쓴 글씨, 촉촉한 감성이 담긴 여행기를 읽다 보면, 나도 라모와 함께 다르질링을 거닐며 인도 길고양이와 인사를 나누는 것만 같았다. 그러니 여행을 마치고 한국에 들어와 있다는 라모를 만났을 때 깜짝 놀랄 수밖에 없었다. 내가 상상하던 모습과 달리, 그는 머리카락을 수도승처럼 짧게

'삶 디자인'을 이야기하는 고양이 스승님
디 자 이 너 박 활 민

자른 남자였으니까.

라모의 본명은 박활민, 정신의 불균형으로 고민하는 이들에게 새로운 삶의 방식을 제시하는 '삶 디자인'이 그의 주된 관심사라고 했다. 그는 명상적인 글귀와 함께 고양이 그림을 그려 인터넷의 바다로 띄워 보낸다. 유리병에 담긴 편지가 먼 바다를 건너 누군가의 손에 닿길 바라는 사람처럼. 엽서 속 고양이는 나를 고요히 바라보며 말을 건네는 듯하다.

"변화가 필요하다고 느끼나요? 그렇다면 당신은 아직 살아있는 것입니다."

고양이 스승님의 말씀을 전하는 삶 디자이너로 살기 전, 박활민은 2001년 엘지텔레콤 카이 홀맨부터 2008년 촛불소녀에 이르기까지, 대중에게 사랑받는 캐릭터를 만들어왔다. 그런 그를 기억하는 사람에게, 마우스 대신 칼을 들고 주방에서 감자를 깎으며 "카레 나왔습니다"를 외치는 모습은 낯설 것이다. 하지만 박활민은 요리도 하고 그림도 그리던 그곳이 모두 자신의 작업실이라고 했다. 쌀집고양이에서 새로운 삶의 방식을 연구하는 일이, 그에겐 '삶 디자인'이라는 거대한 프로젝트의 일부이기 때문이다.

그가 머리와 손끝의 감각으로 뽑아내는 디자인 대신, 삶 디자인을 몸으로 깨닫기까지는 오랜 시간이 걸렸다. 홍익대 산업디자인과 87학번인 그는 졸업 후 최정화 가슴시각개발연구소에 입사해 아트디렉팅, 인테리어, 영상 감독, 전시 기획까지 도맡으며 명성을 얻었다. 그러나 디자인을 하면 할수록 자꾸만 몸과 마음이 소진되는 듯한 느낌을 견딜 수 없었다.

'삶 디자인'을 이야기하는 고양이 스승님
디 자 이 너 박 활 민

"제가 산업디자이너로 살던 방식은 클라이언트의 주문에 따라 일하는 주문자 생산 방식이었어요. 하지만 그건 내 삶이 아닌 산업사회를 활성화하는 일일 뿐이었죠. 그걸 깨달았을 때, 이제부터 내 삶을 살리는 디자인을 하고 싶다는 생각이 들었어요."

회사를 그만두고 1999년 12월부터 청소년 대안학교 하자센터 아트디렉터로 2년을 일했다. 그러나 어느 순간 '내가 내 삶을 어떻게 해야 할지도 모르면서 아이들을 가르칠 수는 없다' 싶었다. 무력감을 견딜 수 없을 무렵 도피하듯 여행을 떠났다.

"우연히 펼쳐든 사진가 여동환의 티베트 사진집을 보고 충동적으로 목적지를 정했어요. 2000년부터 2003년까지 티베트에서 네팔로, 다시 인도를 거치면서 3년을 보냈죠. 처음부터 인도를 염두에 둔 건 아니지만, 물가가 싸서 장기 여행자에겐 좋았거든요. 다르질링에 1년을 살면서 티베트 불교와 탕카(전통 불화), 명상 공부를 했어요. 그때 산책길에 자주 마주쳤던 게 고양이예요. 다르질링에서는 고양이가 반려동물이라는 개념이 약해요. 산에서 낮잠 자는 고양이도 많고요. 고양이가 차분히 어딘가를 바라볼 때, 그 느낌은 말로 표현이 잘 안돼요. 눈 속으로 막 빨려 들어가는 것 같죠. 특히 새끼고양이들은 집중력이 굉장한데, 전생에 수도승이 아니었을까 하는 생각까지 들어요. 나도 저렇게 살아야 되겠구나 싶고."

쫓기듯 불안한 삶을 사는 한국의 길고양이들과는 달리, 사뭇 여유로운 다르질링 고양이들의 매력에 자꾸 시선이 갔다. 그때부터 틈틈이 그곳의 길고양이를 그리기 시작했다. 돌멩이에다 고양이 그림을 그리기도 했고, 전통 자수와 목각을 배우기도 했다. 그러는 동안 알 수 없는 평안함이 찾아왔다. 손으로 무언가를 만들고 그리는 일에는 지친 마음을 다독이는 치유력이 있음을 깨달은 것이다. 그는 그렇게 다르질링에서 보낸 시간을 '인생 방학'이라고 불렀다. 인생에서 드물게 찾아온 선물 같은 휴식의 시간이었다.

여행에서 돌아온 박활민은 2004년부터 고양이 그림엽서를 그리고 스캔해서 블로그에 올리기 시작했다. 크레파스와 수채물감으로 쓱쓱 그려낸 그림은 대부분 고양이의 특성을 섬세히 관찰하고 그려낸 것이지만, 때론 어린아이가 그린 듯 서툰 그림도 있다. 가끔 왼손으로 그림을 그리기 때문인데, 오른손으로 그리는 그림보다 왼손 그림이 덜 작위적이기 때문이란다.

"그렇게 그린 그림에는 세밀화에 없는 드로잉의 자유로움이 있어요. 그런데 왼손 그림도 오래 그리다 보면 오른손으로 그린 것과 비슷해져요. 그게 반복의 힘이에요. 전 창조력이 자기 삶에 집중하는 데서 나온다고 생각해요. 꾸준히 반복하면 뭐든 잘하게 되고 자신감이 생겨요. 세상에는 돈으로 만들 수 없고, 시간과 정성으로만 만들 수 있는 세계가 분명 있어요. 그 세계를 찾기만 하면 누구든 다른 삶을 살 수 있어요. 그때까지 좋아하는 일을 계속 다듬고 정리하고, 물을 주면 돼요. 식물을 키울 때처럼."

그가 말하고자 하는 메시지를 친근하게 전하는 전령 역할을 한 것이 고양이 엽서였다면, 뜻 맞는 사람들과 오프라인에서 모이기 위해 만든 공간인 쌀

집고양이에서는 커다란 돌에 그린 고양이 스승님이 그 소임을 도맡았다. 그림엽서 속 고양이는 다소 풀어진 듯 느슨한 드로잉이 대부분이지만, 4년 전에 탄생한 돌고양이 스승님의 모습은 정교하고 아름다운 세필화로 완성한 것이다. 이 돌고양이 그림과의 인연은 대학 시절로 거슬러 올라간다.

"대학교 2학년 때 조교실로 아르바이트를 구하는 분이 찾아오셨어요. 돌멩이에 고양이 그림을 그리는 일본 작가에게 초벌 그림을 그려 보내는 일이었는데, 처음엔 먼저 돌멩이를 주워서 레이저로 목걸이용 프레임을 박아요. 거기에 제가 그림을 그리면, 일본 작가가 눈이나 다른 부분을 정교하게 그려 완성하는 식으로 작업했죠. 고양이 그림 아르바이트를 하면서 돌고양이 그림에 빠져서, 한때 돌고양이로 가득한 섬을 만들어볼까 하는 생각도 했어요."

지난 일을 회상하던 그가 두 손 가득 고양이 펜던트를 들어 보인다. 조그만 돌고양이에서 시작된 그림이, 고양이 신전에 안치된 커다란 돌고양이로 발전된 것이다. 새끼고양이보다 조금 더 큰 몸집의 돌고양이 스승님은 '언제나 옳다'는 노랑둥이 고양이의 옷을 입고, 인자한 미소로 정면을 바라본다.

"돌고양이는 세밀화라서 정신이 차분한 상태에서 그려야 해요. 티베트 불화를 봐도, 1센티미터씩 색칠해가는 과정이 모두 수행이거든요. 그 스님들은 그런 불화를 15년 넘게 그리신 분들인데 10시간은 거뜬히 그리세요. 전 30분만 그리고 있어도 졸린데, 그것도 일종의 경지구나 생각되더라고요."

박활민은 고양이 스승님의 입을 빌어 "당신이 잘하는 것으로부터 출발하

'삶 디자인'을 이야기하는 고양이 스승님
디 자 이 너   박 활 민

라"고 권한다. 처음에는 단순하고 평범해 보여도, 시간이 쌓이면서 '나만의 특별한 일'로 바뀌는 과정을 경험해보라는 것이다. 그가 고양이 엽서와 폐지 상자로 만든 재활용 액자도 그런 사례 중 하나다. 버려진 골판지는 누구나 구할 수 있지만, 그의 그림과 노동력이 더해지면서 세상에서 하나뿐인 멋진 액자가 된다. 그는 그렇게 만든 고양이 액자는 돈을 받고 파는 대신, 쌀 3킬로그램을 가져오면 바꿔주었다. 쌀이 없는데도 꼭 사가고 싶다는 사람이야 어쩔 수 없지만, 가능하면 사람들이 쌀로 바꿔갔으면 했다.

"쌀집고양이는 고양이 그림, 요리, 사람이 어우러지는 곳이었으면 좋겠다는 마음으로 시작한 곳이었어요. 이 세 가지를 어떻게든 섞어야겠다 싶어서 생각한 게, 쌀과

'삶 디자인'을 이야기하는 고양이 스승님
디 자 이 너   박 찰 민

고양이 그림을 교환하는 방식이었어요. 돈은 관념이지만 쌀은 생명이거든요. 지갑만 달랑 갖고 와서 그림을 사가는 것보다, 사람을 먹이고 살리는 쌀의 상징성도 생각할 수 있고요. 언젠가 다른 작가들도 함께 참여하는 '아트+라이스 교환 페스티벌'도 열고 싶어요."

물물교환은 창작자와 구매자가 직접 만나야만 성립되는 거래다. 마우스 클릭 한 번이면 간단히 물건을 살 수 있는 세상에서, 사라져버린 만남을 되살릴 방법이 물물교환이라고 그는 믿는다. 자본주의 사회에 살면서도 돈에서 자유로울 수 있는 방법, 가난 속에서도 행복할 수 있는 삶의 방식을 연구하는 게 삶 디자이너인 그의 사명이므로, 물물교환 프로젝트는 그 실험의 일부인 셈이다. 기술이 아닌 철학으로서의 디자인, 외형이 아닌 정신을 디자인하는 디자인이 삶을 긍정적인 방향으로 변화시킨다고 그는 믿는다.

박활민이 만든 고양이 그림 액자를 하나 집어 들고 쌀집고양이를 나선다. 액자에는 갑갑한 삶에서 탈출구를 찾는 사람에게 실마리가 되어줄 고양이 스승님의 말씀이 적혀 있다.

당신은 나이가 들어서 죽는 것이 아니라 불안 때문에 죽어가는 것이다. 당신의 삶을 죽이는 불안은 어디에서 오는가? 그렇게 싫어하는 불안을 누가 당신에게 주었는가? 불안의 정체가 무엇인지 스스로 질문하지 않는다면 불안은 평생 당신을 따라다니며 삶을 망칠 것이다.

 쌀집고양이는 방학을 선포하고 문을 닫았지만, 여전히 열린 박활민의 블로그를 통해 그의 근황을 간간이 전해 듣는다. 그는 한동안 목공 일에 재미를 붙여 열심히 뭔가 뚜덕뚜덕 만드는가 싶더니, 4대강 멸종위기 생물들을 주제로 캠페인 그림을 그리기도 하고, 좋은 삶이란 무엇인가를 연구하는 '쌀고 수요모임' 사람들과 함께 여전히 인연을 이어가고 있다.

 무엇보다 반가웠던 건, 박활민이 과거 몸담았던 하자센터 내에 새로운 카페를 열었다는 사실이다. '삶을 살리는 공간'을 표방하는 하하허허 카페는 커뮤니티 공간 문화를 육성하는 거점으로 활용될 예정이다. 일하기 위해서 사람을 만나는 것이 아니라, 서로를 살리기 위해 만나는 사람들이 교유하는 살

'삶 디자인'을 이야기하는 고양이 스승님
디 자 이 너 　 박 활 민

림의 공간. 그것이 그가 지향하는 대안적인 카페의 모습이다. 나만을 위해 사는 삶이 아닌, 모두를 위한 삶—박활민이 꿈꾸는 '사르보다야 사회'의 이상향을 그곳에서 접할 수 있을 것 같다.

블로그 ▶ 박활민의 쌀집고양이 http://blog.naver.com/ramo_

고양이의 추억 담은 나만의 장신구

금속공예가 신유진

남북 이산가족 상봉 기사를 읽다가, 남측 최고령 상봉자인 어느 할머니의 사연을 읽고 마음이 아렸다. 할머니는 60년 만에 만난 딸과 다시 헤어지던 날 금반지 하나를 건넸다. 다른 장신구는 다 정리했어도, 그 반지만은 무덤에 가져가려고 늘 지니고 있던 것이라 했다. 다시 만날 기약이 없는 딸에게 반지를 주는 어머니의 마음은 어땠을까. 또 그 반지를 받는 늙은 딸의 마음은 얼마나 먹먹했을까. 모든 물건 중에서도 장신구에 담긴 의미는 그렇게 각별하다. 늘 소중히 어루만지고 귀히 여기며 맨살과 부대껴온 물건인 만큼, 그것을 지닌 이의 혼이 깃들어 있다 해도 과언이 아니다. 신유진은 그런 장신구를 만드는 금속공예가다.

2000년부터 은점토 공예를 시작한 신유진은 공방 겸 작업실인 아랑공방을 운영하면서 은점토와 칠보 기법을 활용한 장신구를 만든다. 대학 시절 전공은 미술교육이었지만, 우연히 텔레비전에서 본 은점토 공예가 신기해 배우기 시작했다가 금속공예가가 되었다. 금속공예를 좀 더 공부하고 싶은 마음에 대학원에도 진학했다.

고양이를 좋아하는 사람이라면 누구나 마음속에 간직한 이상형이 있고, 대개 그 이상형에 가까운 고양이를 데려오기 마련이지만, 신유진은 달랐다. 오갈 데 없는 길고양이가 딱한 마음에 한 마리씩 거두다 보니, 정작 원했던 샴 고양이는 꿈으로만 남은 것이다. 부모님에게서 독립한 뒤 함께 사는 고양이는 모두 열 마리. 대학교 4학년 때 같은 과 오빠가 꽃집에서 얻어다 준 노란 고양이가 시작이었다. 키우는 고양이 말고도 직접 구조한 길고양이나, 동네 동물병원에서 중성화수술을 한 후 방사하는 식으로 그의 손을 거쳐 간 고양이가 100마리를 넘는다.

"처음엔 고양이를 힘닿는 데까지 다 키우고 싶었어요. 제가 그 고양이를 데려오면

한 목숨을 구하는 거잖아요. 내 몸이 좀 힘들고, 내 아이들이 조금 불편해도 감수하자 생각했어요. 그런데 그렇게 데려온 아이들을 통해 전염병이 돌고 그러다 죽는 경우도 생기면서 깨달았어요. 안쓰럽다고 다 데려오는 게 꼭 옳은 건 아니구나, 있는 아이들만이라도 잘 키워야겠구나. 그래서 더 이상 업둥이는 들이지 않고 있어요."

 더 이상 고양이를 데려오지 않기로 결심했기에, 그는 샴 고양이를 키우는 대신 고양이 모양 장신구를 만든다. 얇은 은판에 그린 고양이 실루엣을 실톱으로 조심스레 오리고 착색액을 발라 발끝만 검게 물들이면 'S라인 샴 고양이'가 완성된다. 귀걸이로, 목걸이로, 반지로 다시 태어난 금속 고양이는, 작가의 맨살에 살갑게 몸을 비비며 체온과 생명을 얻는다. 누군가에겐 고양이 모양 장신구일 뿐이지만, 그에게는 한 점 한 점 소중한 사연이 깃든 작품이다.

장신구를 만들 때면, 사뿐사뿐 걷는 고양이의 모습을 화려하게 꾸민 작품부터 기하학적인 요소를 강조해 추상화한 작품까지 다양하게 시험해본다. 그래서 한 사람의 작품인가 싶을 만큼 각각의 느낌이 달라지기도 한다. 예컨대 은과 칠보를 가공해서 만든 목걸이 「고양이로다」 1·2를 보면, 고양이의 이미지를 동그란 은판과 막대 체인의 기하학적인 구성으로 표현한 것

「고양이로다 1」, 은·칠보, 4.5×14cm, 2010(왼쪽)
「고양이로다 2」, 은·칠보, 6.5×14cm, 2010(오른쪽 페이지)

이 눈에 띈다. 동판에 칠보를 무광처리해서 구운 표면에 흑연으로 그린 그림들은, 고양이의 눈동자나 꼬리의 모습을 클로즈업한 것이다. 고양이의 움직임은 직선과 점선 그림으로 단순화했고, 은 파이프로 만든 체인에는 절도 있게 꺾어지는 고양이 걸음의 느낌을 담았다. 체인과 연결된 둥근 은판은 마치 별자리 같아서, 별자리 중에 만약 '고양이 자리'가 존재한다면 이 목걸이 같은 모습을 하고 있지 않을까 싶다.

「고양이로다」 시리즈처럼 기하학적인 이미지를 강조한 장신구가 있는가 하면, 칠보 공예 기법으로 만든 「Cat D」 브로치는 화려하고 고운 색감으로 고양이의 무늬를 표현해서 눈길을 끈다. 유리처럼 반질반질 광택이 나는 아름다운 표면은, 칠보 유약을 가마에 구워 만들어낸 것이다. 칠보에 쓰는 유약 재료는 고운 모래가루와 비슷한데, 물기를 제거하고 가마에다 구우면 유약이 녹아 반질반질한 유리질이 된다. 적동이나 순은으로 만든 바탕재료에 유약 가루를 그대로 뿌리거나, 물을 타서 그림을 그리면 좀 더 섬세한 문양을 표현할 수 있다고 한다. 고양이 브로치의 표면에 그린 꽃그림도 그렇게 완성된 것이다.

보통 장신구는 쓰지 않을 때 보석함에 보관하기 마련이지만, 신유진의 고양이 브로치는 아담한 꽃나무가 있는 거치대와 한 쌍을 이룬 것이 독특하다. 장신구를 착용하지 않을 때는 거치대에 놓고 작은 조각품처럼 감상할 수 있게 한 것이다. 황동으로 주물을 뜬 나뭇가지와 자개로 만든 연분홍색 꽃송이

「Cat D」, 은 · 칠보 · 황동 · 자개, 10×10×14cm, 2010

가 어우러져, 마치 봄날의 고양이가 노니는 풍경화 같다. 장신구와 거치대가 하나의 작품으로 완결된 흔치 않은 구성 덕분에, 청주국제공예비엔날레 아트페어에 출품했을 때도 호평을 받았다고 한다.

이 「Cat D」 브로치의 원형이 된 작품은 따로 있다. 진열대 한쪽에 가만히 놓인 고양이 목조각이 그것이다. 칠보로 시제품을 만들려면 까다롭지만, 그 전에 나무로 시제품을 만들면 새로운 작품을 좀 더 손쉽게 구상할 수 있다. 그는 언젠가 이 목조각을 모아 그림책을 만들어보고 싶다고 한다. 얇은 목판 앞뒤로는 고양이 그림이 그려져 있는데, 서로 표정이 다른 것이 재미있다. 신비로운 붉은색 털옷을 입은 고양이 조각의 뒷면을 보면, 왜소한 체형의 노란 고양이가 진땀을 흘리며 힘겹게 가장행렬을 하는 모습이 보인다. 마치 북청사자 놀음이라도 하는 것 같다. 이것 역시 함께 사는 노란 줄무늬 고양이 동식이를 모델로 한 것이다.

고양이의 추억 담은 나만의 장신구
금 속 공 예 가   신 유 진

"동식이는 집에 있는 남자 고양이들 중에서도 덩치가 좀 작고, 다른 애들에 비하면 꼬리도 못생기고 약해요. 하지만 겉으로는 덩치가 커 보이고 잘나 보이고 싶은 마음이 들 것 같아서, 이렇게 커다란 옷 속에 몸을 숨기고 있는 모습으로 표현했죠."

 다른 조각엔 무슨 그림이 그려져 있나 궁금해서 하나하나 앞뒤를 살펴본다. 승리한 권투선수가 링 위에 의기양양하게 서 있는 모습을 뒤집으면, 얻어맞아 눈이 퉁퉁 부어오른 패배자가 힘없이 서 있다. 예쁜 줄무늬 옷을 입은 고양이의 뒷모습엔, 원래 민무늬 옷을 입었지만 제 손으로 직접 줄무늬를 그려 넣는 익살스런 모습도 보인다. 가만히 보면, 그가 만든 고양이 장신구 중에는 유독 줄무늬 고양이가 많다. 죄수복을 연상시키는 줄무늬를 그려 넣으며, 탈옥 영화의 주인공 이름을 따서 '빠삐용 고양이'라 불렀다고 한다. 줄무늬 고양이 장신구는 날마다 탈출을 꿈꾸던 우주를 생각하며 만든 것이다.
"예전에 누가 케이지에 넣어 버린 고양이를 데려와서 우주라고 이름 짓고 키웠는

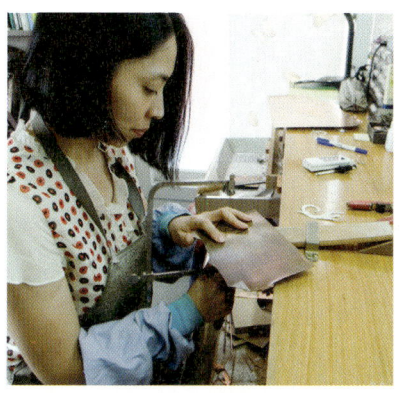

데, 혼혈이지만 우리 집의 유일한 품종 고양이였죠. 다른 토종 고양이들은 바깥이 무서워서 집 안에만 있으려고 하는데, 우주는 나가는 걸 무척 좋아했어요. 그런 모습이 저에겐 자유를 꿈꾸는 것 같더라고요. 그래서 빼뻬용 느낌도 나고, 춤추는 것 같은 느낌도 나게 무늬를 넣어본 거죠."

작가가 앞뒤로 칠보를 입혀 둔 고양이 브로치의 바탕재료를 꺼내 빼뻬용 고양이의 제작 과정을 보여준다. 색모래처럼 생긴 유약 가루를 조그만 체에 담고 살살 뿌리면 가루가 곱게 내려앉는데, 물을 묻힌 붓으로 가루를 닦아내 줄무늬를 만들면 고양이 무늬가 완성되어 가열된 가마에 넣고 굽기만 하면 된다. 도예가의 작업실에서도 가마를 본 적이 있지만, 장신구를 만들 때 쓰는 가마는 앙증맞을 만큼 작고 귀엽다. 보이지 않는 브로치 뒷부분에도 칠보를 올리는데, 앞면에만 올리게 되면 나중에 칠보가 떨어져 나갈 염려가 있어서란다.

칠보 공예와 함께 신유진이 주력하는 은점토 공예는 제작이 비교적 손쉽고 원하는 모양을 자유롭게 표현할 수 있는 이점이 있다. 은점토는 은가루, 바인더, 수분을 섞어 만든 것이다. 은은 한 돈에 3,000원 꼴이지만, 은점토는 흙을 금속으로 변하게 하는 가공 기술 때문에 훨씬 비싸다. 국산 은점토 16그램, 즉 4돈 정도면 3만 4,000원이 든다. 콩알만 한 크기의 목걸이·귀걸이·반지를 각각 한 개씩 만들 수 있는 분량이다.

은점토 공예는 가마에 구워 작품을 만들기 때문에, 소성 과정이 필수인 유

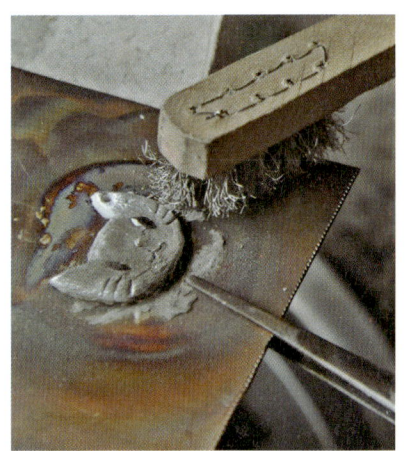

리 공예나 칠보 공예와도 잘 어울린다. 특히 아름다운 무늬와 색깔을 지닌 베네치안 글라스는 자칫 단조로워질 수 있는 은점토 장신구에 화려한 색감을 부여해준다.

신유진이 쿠키처럼 동글납작한 은점토 베이스에 베네치안 글라스를 결합해 만든 고양이 펜던트를 보여준다. 크고 작은 유리구슬 몇 개를 고양이 모양으로 배치하고, 납작하게 빚어 만든 은점토에 붙여 구운 것이다.

단순히 은점토만으로 장신구를 만드는 데서 좀 더 나아가, 집에 잘 쓰지 않는 은제품이 있다면 은점토와 접목해 좀 더 큰 작품을 만들 수도 있다. 이를테면 검게 변색되어 찬밥 신세가 된 오래된 은수저도, 은점토 공예에서는 유용한 재료로 재활용된다.

"은제품을 부숴서 다시 은점토를 만들 수 있는 건 아니고요. 만약 비녀를 만들려는데 비녀 대까지 은점토로 만들면 비용도 많이 들고 강도가 좀 약해서 실용적이지 않거든요. 그럴 때 은젓가락을 써요. 젓가락을 비녀 모양으로 깎고, 비녀 머리는 은점토로 만들어 붙이면 되니까요. 불에 구우면 둘이 서로 견고하게 붙으면서 같은 느낌의 은이 되어서 자연스럽게 쓸 수 있어요."

작가 자신도 엄마 몰래 집에서 가져 온 은수저로 고양이 모양 팔찌를 만들어본 적이 있다. 금속에 열을 가하면 잘 늘어나기 때문에, 불에 달군 숟가락의 둥근 부분을 망치로 때리면 평평한 은판이 된다. 그 부분을 실톱으로 오리고 이어서 고양이 얼굴 모양의 팔찌를 만들었단다. 은수저가 팔찌로 변신한

고양이의 추억 담은 나만의 장신구
금속공예가 신유진

「Cute Cat」, 은・베네치안 글라스, 3×3.5×0.7cm, 2010

재미있는 추억이지만, 그렇게 만든 장신구는 대부분 판매되어 남아 있는 게 거의 없기에 아쉽다.

"집에서 독립했기 때문에 제가 생계를 책임져야 해요. 함께 사는 애들도 많고 그래서 장신구를 갖고 있진 못하고, 만드는 대로 팔아요. 제대로 된 사진으로 남겨놓고 싶지만, 스튜디오에서 정식으로 찍으면 한 장에 3만 원씩 들거든요. 그래서 오랜 시간 동안 만들거나 마음에 드는 것만 스튜디오에서 찍고, 나머지는 직접 디지털카메라로 찍거나 그냥 팔죠."

뭔가를 만들면서 살아가는 삶이 좋아서 공예를 선택했지만, 요즘처럼 경기가 나쁠 때는 수강생도 줄어 힘이 든다. 또래 직장인들처럼 돈도 많이 모으지 못하고 나이를 먹어가는 현실에 가끔은 자괴감도 느낀다. 함께 사는 고양이가 아플 때, 그런 자괴감은 더욱 커진다. 무엇보다 가장 마음이 쓰이는 건, 열 마리 고양이 중에 2009년 11월 신부전 진단을 받은 고양이 제니다.

"제니가 밥을 먹었다 안 먹었다 하다가, 밥을 며칠 동안 아예 못 먹기에 결국 병원을 갔어요. 그런데 신부전 4기래요. 그때는 2주밖에 못 산다고 했는데, 아직 계속 그 상태로 유지하고는 있어요. 그래서 작업실에 있다가도 약과 밥을 먹이러 중간에 집에 들르곤 했어요. 보통 혈관수액을 사흘 맞히면 좋아지는데, 올 여름엔 엿새를 맞혀도 기운을 못 내서 힘들었어요."

치료를 받으면 나아질 기미가 보여야 하는데, 조금씩 나빠지는 제니를 보면 애가 탄다. 신장질환을 전문으로 치료한다는 병원도 소개받았지만, 병원

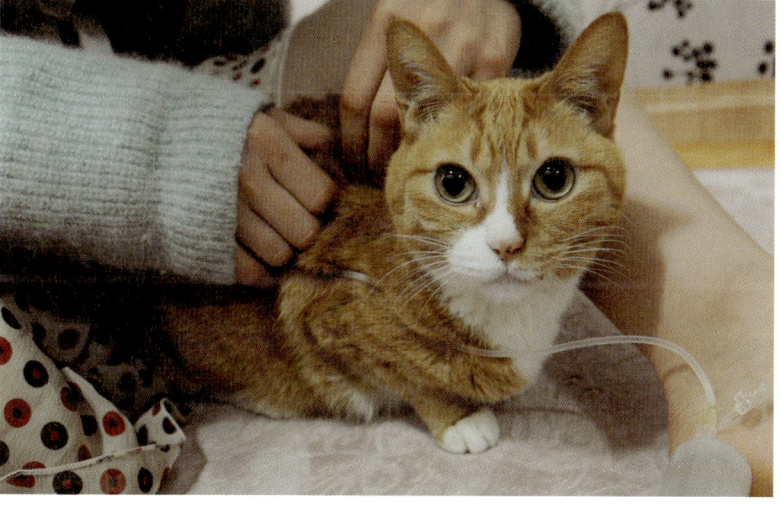

비가 비싸다는 말에 선뜻 병원을 옮기지 못했다.

"저처럼 고양이를 많이 키우는 사람에겐 솔직히 병원비 부담이 제일 클 수밖에 없어요. 특히 제니처럼 병원을 정기적으로 다니거나 평생 약을 먹어야 하는 애가 있으면, 정기적금을 드는 것과 맞먹을 만큼 적지 않은 병원비가 고정적으로 나가기 때문에 더 그렇고요."

이젠 공예 강습만 해서는 안 되겠다 싶어, 올해부터 임용고시 학원에 강의를 나가고 있다. 미술교육과를 졸업했기에, 미술교사 임용을 준비하는 사람들에게 관련 과목을 가르친다고 한다. 얼마 전에는 공무원 시험을 쳐볼까 생각도 했다. 예전에는 '공예로 돈을 벌지 못해도 한 우물만 파자' 싶었다. 그런데 그가 한 살씩 나이를 먹는 동안, 함께 사는 고양이들은 사람보다 훨씬 빠른 속도로 나이를 먹었다. 치주염을 앓아 잇몸이 아픈 고양이, 제니처럼 만성질환에 하루하루가 힘겨운 고양이도 생겼다. 그래서 고양이와 함께 살아간다는 일의 책임을 요즘처럼 묵직하게 느끼는 때가 없다. 꿈이었던 공예작가의 삶을 잠시 접을 수 있다고까지 생각하는 건, 함께 사는 고양이들을 지키는 일이 그에겐 무엇보다 소중하기 때문이다.

"전에는 제가 쓸 돈만 있으면 된다고 생각해서

고양이의 추억 담은 나만의 장신구
금 속 공 예 가   신 유 진

작업하고, 책 읽고, 전시 보고, 애들이랑 놀고 여유롭게 지냈거든요. 근데 요즘은 학원 강의하러 나가고, 집에 있을 때도 애들이랑 잘 못 놀고, 공부하고 그래요. 아마 제니는 날 되게 싫어할 것 같아요. 만날 붙잡고 약 먹이고 주사를 놓으니까."

아니다, 제니는 알고 있을 것이다. 자신이 얼마나 사랑받고 있는지, 곁에 있는 이 사람이 얼마나 있는 힘껏 자신을 지키고 있는지, 누구보다도 잘 알 것이다. 그렇기에 그 믿음의 힘으로 지금껏 버틸 수 있지 않았을까. 내가 사랑하는 대상이 어리고 귀여울 때뿐 아니라, 아플 때나 늙었을 때도 끝까지 함께하고 싶은 마음. 신유진의 장신구에는 늘 고양이를 곁에 두고픈 마음이 담겼다. 금속으로 빚은 장신구이지만 온기가 느껴지는 건 아마도 그런 이유에서일 것이다.

온라인 카페 ▶ 블로그 http://blog.naver.com/sccenter

길고양이 찍는

'찰카기 아저씨'
생활사진가 김하연

새벽 2시부터 6시까지, 한겨레신문 봉천지국장 김하연은 오토바이를 타고 달린다. 매일 봉천동 250여 가구에 신문을 돌리는 게 그의 일이다. 밤낮이 뒤바뀐 생활은 고단하지만, 새벽마다 자신을 기다리는 길고양이들을 생각하면서 다음날 또다시 새벽 거리로 나설 힘을 얻는다. 길고양이를 돌보며 사진을 찍는 생활사진가 '찰카기'—김하연의 또 다른 이름이다.

새벽 6시, 아직 어둠이 채 가시지 않은 낙성대역에서 김하연을 만났다. 지금부터 오토바이를 타고 길고양이 밥 주는 곳까지 갈 거라고 했다. 그는 고등학교 3학년 때부터 아버지를 도와 신문을 돌렸고, 대학을 졸업한 뒤 한동안 잡지사 기자로 일하다가 다시 아버지의 일을 이어받았다. 새벽마다 그와 함께 달렸을 오토바이는, 좁았다 넓어지고 높아졌다 낮아지는 봉천동 골목길의 굴곡을 온몸으로 받아내며 파도처럼 출렁인다. 김하연의 모델은 화려한 스튜디오가 아닌, 거리에서 그를 기다린다. 이제 그들을 만나러 가는 것이다.

어느 빌라 앞에 오토바이가 멈추자 후다닥, 작은 동물들이 달아나는 소리가 들린다. 그가 밥을 챙겨주는 길고양이들이다. 그 혼자만 왔다면 도망가지 않았을지 모르지만, 낯선 얼굴이 보이니 경계심이 생긴 모양이다. 빌라 근처 길고양이들은 익숙한 사람에게만 경계심을 푼다. 그래서 김하연은 7년째 같은 방한 파카를 입고 신문 배달을 한다. 고양이들이 그 옷만 기억하기 때문이다. 희미한 조명등 아래, 말없이 올려다보는 고양이와 사진을 찍는 그 사이에 따스한 교감이 흐른다.

또 다른 장소에서 밥을 기다릴 고양이를 찾아 오토바이로 달리는 동안 날이 밝는다. 놀이터 인근에 멈춘 순간, 김하연을 기다리던 길고양이 서너 마리가 반갑게 뛰어온다. 강아지처럼 살가운 모습에는 인간에 대한 믿음이 묻어난다. 서로 인연을 쌓아온 시간만큼 다져진 믿음이다.

길고양이 찍는 '찰카기 아저씨'
생활사진가 김하연

　매일 새벽 동네 길고양이들의 아침밥을 챙기다보면 사료비로 한 달에 5만 원 정도가 든다. 담배를 피우지 않는 그는 "이게 제 담뱃값이에요" 한다. 한 달 치 담배 살 돈, 혹은 친구들과 술 한 번 마시면 써버릴 돈을, 대신 길고양이 모델료로 쓰는 것뿐이란다.

　어지간한 취객조차 집으로 찾아들었을 새벽 시간, 고양이는 텅 빈 도시를 활보하며 짧은 평안을 누린다. 김하연의 카메라는 사람들이 알지 못하는 그들의 삶을 느릿느릿 차분한 속도로 뒤쫓는다.

"새벽에 만난 고양이들은 '내가 이 도시의 주인이다' 하고 생각하는 것 같아요. 낮에 만나는 고양이들과는 느낌이 확실히 달라요. 더부살이를 한다는 느낌이 없어요."

　김하연은 어두운 빛 아래서도 플래시를 쓰지 않는다. 인공조명은 새벽 거리의 다양한 빛깔을 순식간에 지워버린다. 새벽빛에도 여러 가지 색깔이 있다. 날이 밝기 전 하늘을 가득 메운 짙은

「CatisCat_#137」, 잉크젯 프린트, 19×19cm, 2008

「CatisCat_#184」, 잉크젯 프린트, 19×19cm, 2008

남색, 가로등에서 떨어지는 나트륨등의 노란색, 잠들지 못한 누군가의 방에서 흘러나오는 잡다한 색……. 새벽 거리를 걷는 길고양이가 의지하는 희미한 빛 속에, 그들의 고단한 삶이 녹아 있다.

김하연이 길고양이의 사진에 담아내는 마음은 생명에 대한 연민이다. 특히 평소 돌보던 고양이의 죽음을 목도하면 가슴이 먹먹해진다. 준비 없는 이별은 마음에 묵직한 슬픔을 남긴다. 언제 죽은 길고양이를 마주치게 될지 모르는 일이어서, 그의 오토바이 한구석에는 늘 검은 대형 비닐봉투가 있다. 배달하며 오가는 길에 죽은 길고양이를 발견하면 일단 봉투에 담았다가, 일이 끝나면 나무가 있는 곳을 찾아 묻어준다. 다시 태어났을 때는 나무로 태어나라고. 험한 세상 견디며 그늘진 곳에서만 사느라 힘들었으니, 이제 햇살 받으며 푸른 잎으로 피어나라고.

"죽은 고양이를 그대로 두면 쓰레기차가 수거해가든가, 그조차도 안 되면 자동차 바퀴에 짓눌려서 형체도 찾기 어렵게 되잖아요. 그래서 수습해주고 싶었어요. 생명이란 건 인간이나 고양이나 다 똑같다고 생각해요. 생명은 죽으면 땅으로 돌려보내야 하는데, 애는 가족이 없으니까 나라도 묻어주고 싶은 거죠."

그렇게 길에서 목격하고 수습해준 길고양이만 스무 마리가 넘는다. 차갑게 식어버린 채 생활폐기물 취급을 받게 될 고양이의 죽음도, 그의 카메라는 외면하지 않는다. 그는 길에서 허무하게 스러지는 동물들의 죽음 역시, 거리의 동물들이 이 땅에서 겪는 고단한 삶의 일부라고 여긴다. 이 세상에 머무

길고양이 찍는 '찰카기 아저씨'
생활사진가 김하연

 는 마지막 순간이 쓸쓸하지 않도록, 배웅받고 떠난 고양이들의 모습은 '작별'이란 연작으로 남았다. 우리가 모르는 사이에도 힘겹게 하루를 이어가고 또 소리 없이 죽어가는 동물들이 많기에, 사람들이 일부러 찾아가면서까지 보려고 하지 않는 그 모습도 사진으로 기억하고 싶은 것이다.

 길고양이 작가로 알려진 김하연도 처음부터 길고양이를 주제로 사진을 찍은 것은 아니었다. 결혼할 때 혼수품으로 소니 707 디지털카메라를 샀지만, 신혼여행을 다녀오고 나니 더 이상 카메라를 쓸 일이 없었다. 소니 707은 곧

장롱카메라 신세로 전락했다. 하지만 2003년 사진 블로그를 시작하면서 다시 사진을 찍기 시작했다고 한다. 사진을 매일 200장씩 찍어보라는 선배의 조언에 풍경을 찍고, 하늘을 찍고, 꽃을 찍었다. 그러다 자신만의 주제가 없다는 생각에 답답함을 느낄 무렵, 매일 아침 신문 배달을 하며 마주치는 새벽 거리 풍경이 눈에 들어왔다.

"아마추어 작가들이 사진을 찍다 보면 어느 순간 한계가 와요. 사람을 한번 찍어보려고 하면 부담스럽다고 찍지 말라 그러지, 새로운 것은 찍어야겠지. 그래서 출사를 다니고 이것저것 찍게 되죠. 저는 2006년 사진가 최광호 선생님이 주관하는 '1019' 상을 받으면서 연작 개념의 사진을 찍기 시작했어요. 새벽 신문 배달을 하

「고양이형제 I」, C-프린트, 25.4×38.1cm, 2006

다 만나는 취객들을 찍은 '해프닝' 연작이었죠."

　자기 이름을 새긴 낙관을 포트폴리오 공모전의 부상으로 받으면서, 정신이 번쩍 들었다. 생업 중에 짬짬이 사진을 찍지만, 자신만의 시각을 담은 작품을 하고 싶었다. 가장 친숙한 생활 터전인 새벽 거리로 눈을 돌리자, 또 다른 피사체가 눈에 들어왔다. 그게 바로 길고양이였다. 2005년 말부터 관심을 갖고 그들을 찍기 시작했고, 본격적으로 찍기 시작한 건 2006년 여름께였다. 그렇게 길에서 만난 길고양이의 사진을 모아 2007년 11월 〈고양이는 고양이다〉 사진전을 열었다.

　"전시 제목을 정할 때도 한참 고민했어요. '외로우니까 고양이다', '고양이는 외로

「고양이형제 II」, C-프린트, 25.4×38.1cm, 2006

운 사냥꾼', 고양이의 낭만, 외출, 길 등……. 여러 가지를 놓고 고민했는데, 이거다 싶은 게 없는 거예요. 그런데 무심결에 'cat is cat' 하고 써보니까 이거다 싶었어요. 남들이 뭐라고 생각하건, 고양이는 제 습성대로 살아가잖아요."

김하연은 고양이에 대해 특별한 의미를 부여하기보다, 도시에서 인간과 함께 살아가는 생명으로 받아들인다. 우리가 살아가는 삶이 늘 아름답지만은 않듯이, 그가 찍는 길고양이도 때론 외롭고, 아프고, 슬프다. 그 사진들은 조용히 마음을 움직여, 우리보다 낮은 곳에 소리 없이 살아가는 생명이 있음을 일깨운다.

그가 사진을 통해 표현하는 건 '도시에서 살아가기'란 어떤 일인지에 대한 관점이다. 2008년 봄, 사단법인 문화우리에서 주관한 도시경관기록 프로젝트 기록봉사자로 참여한 것도 그런 까닭에서다. 그는 사람들이 아름답다고 경탄하는 풍경을 찍는 대신, 자신이 발 딛고 선 현실에 눈을 돌리고 기록자의 역할을 기꺼이 떠맡았다. 소소한 일상에서 소중한 대상을 발견하려는 노력은, 2008년 국제적 사진그룹 매그넘에서 주관한 사진공모전 대상이라는 결과로 돌아왔다. 그가 찍은 건 「옥상정원」. 공모전 마감 전날 그의 집 옥상에서 찍은 풍경이다. 봉천동 어느 주택 옥상에 아기를 업은 아주머니가 서 있다. 사진 속에선 보이지 않는 아주머니의 시선이 닿은 곳은 멀리 보이는 도심의 번화가 쪽이다. 아주머니가 발 딛고 선 회색빛 옥상 풍경은, 멀리 보이는 화려한 빌딩의 바다를 표류하는 초라한 뗏목 같다. 화려한 색으로 무장한 것도 아니

「CatisCat_#300」, 잉크젯 프린트, 19×19cm, 2010

고, 기기묘묘한 구도를 보여주는 사진도 아니었다. 하지만 심사위원들은 그의 사진에 담긴 담담하고 묵직한 메시지를 읽어, 대상작으로 선정했다.

이밖에도 2009년 제4회〈내셔널 지오그래픽 국제사진공모전〉대상을 비롯해, 여러 공모전에서 2010년까지 받은 상금이 3,000만 원가량 되지만, 그런 결과에 들뜨거나 자만하지도 않는다. 시상식이 끝나면, 그는 일상으로 돌아와 여느 때처럼 신문을 돌린다. 생활과 사진이 유리되지 않을 때, 오래도록 사진을 할 수 있는 힘이 생긴다고 믿는다. 그래서 '전업사진가'보다는 '생활사진가'로 살고 싶은 것이 그의 꿈이다.

김하연은 카메라와 함께 휴대용 소형 프린터를 갖고 다닌다. 거리에서 누군가를 찍는다면, 그 자리에서 바로 뽑아주기 위해서다. 그에게 사진은 나눔이고 소통이다. 2007년 고양이 사진전을 열었을 때도, 직접 찍은 길고양이 사진을 동봉하고, 겉봉에는 주문제작한 고양이 우표를 붙여 보냈다. 그렇게 정성껏 초대장을 써서 보내면, 전시장에 온 사람들도 방명록에 자기 마음을 진술하게 써줄 것 같았다. 이름만 남기고 가는 방명록보다 고양이에 대한 생각을 나누고 싶었다. 그 교감의 흔적이 남겨진 방명록은 그에게는 가장 큰 보물이다. 그래서 전시장에 찾아왔던 어느 수녀님께 받은 격려 문자를 휴대폰에 저장해두고 생각날 때마다 열어본다. 묵묵히 길고양이의 삶을 기록해온 그에게는 더없이 소중한 보물이다.

"첫 전시에서 작품을 사고 싶다는 사람이 있었는데, 얼마를 받아야할지 모르겠는

「CatisCat_#250」, 잉크젯 프린트, 19×19cm, 2008

「CatisCat_#148」, 잉크젯 프린트, 19×19cm, 2008

거예요. 작품을 팔아본 적이 없었으니까. 몇 점을 팔았는데 액자 값 말고도 돈이 남아서, 고양이 관련 단체에 보냈어요. 앞으로도 작품을 팔게 되면 길고양이를 구하는 데 쓰고 싶어요."

그가 앞으로 찍고 싶은 고양이 사진의 폭은 넓다. 틈틈이 찍어온 낡고 오래된 벽 사진과 길고양이 사진을 합성해서, 고대이집트의 고양이 여신 벽화 같은 느낌을 표현해볼 생각이다. 장기적으로는 길고양이를 입양해 키우는 사람들의 다큐멘터리 사진도 찍어보고 싶다. 길고양이를 입양한 뒤로 반려인의 삶은 어떻게 변했을까, 길고양이는 입양된 뒤에 행복할까, 그런 점이 궁금하다. 길고양이만 찍는 사진과 달리, 고양이와 함께 하는 일상이 그대로 드러나는 다큐멘터리 작업은 쉽지 않은 점도 있다. 처음에는 사진 찍는 것을 허락했다가도, 나중에 그 사진들이 전시될 수도 있음을 이야기하면 부담스러워 넌지시 사양하는 사람도 있기 때문이다. 일상을 있는 그대로 공개한다는 것은 찍는 사람도, 찍히는 사람도 쉽지 않은 일이긴 하다. 이렇게 다양한 길고양이 사진을 통해 그가 이야기하고 싶은 건 '나와 가장 가까운 곳, 일상을 구성하는 작은 것들'에 대한 관심이다.

"예전에 「북극의 눈물」이라는 다큐멘터리 프로그램이 좋은 반응을 얻었지요. 하지만 사람들이 관심을 가져야 할 대상은 꼭 멀리 있는 동물만은 아니라고 생각해요. 주변의 사라져가는 생명들에게 관심을 가졌으면 싶어요. 길고양이들에게 삶이란 '살아가는' 게 아니라 '살아내는' 거란 느낌이 들어요. 누군가 제 고양이 사진을 보

길고양이 찍는 '찰카기 아저씨'
생활사진가 김하연

면서 짠하다고 느끼거나, 혹은 저 녀석들도 잘 살고 있구나 하고 생각할 계기가 된다면, 그것만으로도 만족해요."

김하연은 길고양이 사진을 찍어 오면 듀얼모니터로 작업한다. 외장하드에 연도별로 차곡차곡 담긴 사진들은, 그가 얼마나 오랜 시간 길고양이의 모습을 꾸준히 관찰해왔는지 보여준다. 하드디스크 속에 잠들어 있는 고양이들을 깨워내기 위해서, 그는 매년 한 번씩은 전시를 열고 싶어한다. 전시회가 열릴 때마다 고양이 우표와 고양이 사진을 담은 초대장을 신청자에게 보내주는 이벤트를 하고, 연말이면 고양이 연하장을 보내는 것도, 그가 도심 속 길고양이에 대한 생각을 사람들에게 전하는 한 방법이다. 고양이를 좋아하는 사람이라면, 김하연의 블로그에서 불시에 열리는 이벤트에 신청해보길. 작가의 마음 담긴 고양이 사진을 선물로 받을 수 있을 테니 말이다.

블로그 ▶ 찰칵거리는 세상아! http://blog.naver.com/ckfzkrl

마음의 평안을 찾아가는 '고양이 인간'

화가 성유진

함께 사는 고양이의 얼굴을 손으로 감싸고 눈을 가만히 들여다본다. 의아한 눈빛으로 나를 보는 스밀라의 동공이 커졌다 작아졌다, 미세하게 흔들린다. 그럴 때의 고양이 눈동자는 몸에서 독립한 개체처럼 보인다. 만약 스밀라의 눈이 짙은 푸른색이었다면, 어둠 속에서 빛나는 우주의 단면을 볼 수 있지 않았을까. 화가 성유진의 그림에서 가장 오래 눈길이 멈추는 곳도, 깊고 어두운 '고양이 인간'의 눈동자 속이다. 미로처럼 복잡한 선과 문양으로 장식된 눈동자는 현미경으로 들여다본 세포 같기도 하고, 기하학적인 문양으로 변환된 겹꽃 같기도 하다. 그 자체가 하나의 소우주이고 만다라인 것이다. 때로는 고통과 불안을 말하고, 때로는 평안을 꿈꾸는 고양이 인간을 만나러 성유진의 작업실을 찾아간다.

인터뷰를 청했을 때, 성유진은 서울시립미술관의 작가 지원 프로그램인 난지미술창작스튜디오 3기 작가로 입주해 있었다. 작업실이 노을공원 가까이에 자리 잡고 있어서 뒷산에서는 족제비나 너구리가 가끔 내려오고, 꿩은 숱하게 봤다고 한다. 사방이 숲이고 잔디밭이다 보니, 작가의 고양이 샴비에게도 더없이 좋은 놀이터가 되어준다. 입주 규정상 반려동물을 실내에서 키울 수 없어서 고양이 보모를 자처한 지인에게 샴비를 맡겼지만, 보모가 수시로 샴비를 데리고 작업실로 놀러와준다. 외출을 두려워하는

여느 고양이와 달리, 샴비는 산책을 좋아한다. 우연히 만난 강아지에게 먼저 얼굴을 들이대고 킁킁 냄새를 맡는 적극성까지 보일 정도니, 장난기 많은 사내아이가 따로 없다. 산책하면서 풀 먹기를 유독 좋아하는 샴비를 위해 연한 풀도

마음의 평안을 찾아가는 '고양이 인간'
화 가 성 유 진

뜯어주고 함께 천천히 걷다보면 마음이 평화로워진다.

"샴비는 원래 사돈언니 댁에서 키우던 아기 고양이 두 마리 중 하나였어요. 사돈언니의 페르시안 고양이 이름이 '효리'여서, 그럼 제 고양이는 샴 고양이 계의 '비'로 부르자 싶어서 샴비가 된 거죠. 그땐 샴비가 발리니즈 종인 것도 모르고, 얼굴과 발이 까매서 샴인 줄로만 알았거든요."

그렇게 2006년 3월부터 샴비를 데려와서 함께 살기 시작했다. 처음 그의 집에 왔을 때 낯가림을 하던 샴비는 금세 활발한 천성을 드러냈다. 산책에 익숙해진 뒤에는 자기가 먼저 밖으로 나가자고 보채는 일도 잦아졌고, 호기심이 많아서 종종 사고를 치기도 했다.

"심통이 나면 안하던 해코지를 해요. 책꽂이에 꽂힌 책을 한 30권쯤 꺼내놓고, 쓰레기통은 뒤집어서 쓰러뜨리고, 프린터 위에 있는 책은 앞발로 꺾어놔요. 밖에다 대고 크게 울기도 하고요."

평소 말수가 적고 감정을 속으로만 삼키는 데 익숙했던 작가는, 사고를 치는 샴비를 보고 푸념도 하고 혼도 내면서 억눌렸던 감정을 조금씩 풀어냈다. 그래서 그에게 샴비는 특별한 존재다. 자신과 고양이의 모습이 결합된 그림에 영감을 주는 모델이기도 하고, 우울감에 힘겨워할 때 세상 밖으로

마음의 평안을 찾아가는 '고양이 인간'
화 가 성 유 진

나올 수 있도록 이끌어 준 친구이기 때문이다.

"샴비를 데려오고 나서 몇 달 되지 않았을 때인데, 바닥에 젖니가 떨어져 있더라고요. 보통 생후 1년 못 돼서 이갈이를 하거든요. 덩치는 어른 고양이처럼 커도 아직 아기구나, 그때 느꼈어요. 제가 막내라 엄마가 저를 유독 아끼셔서 탯줄도 모아두셨다는데, 그 생각도 나고요. 샴비의 어린 시절을 추억하고 싶어서 젖니를 유리병에 모으기 시작했어요. 수염이나 발톱도 보이는 대로 모아요."

작가는 샴비를 키우면서 고양이란 동물을 좀 더 이해하게 되고, 사람들이 못마땅한 시선으로 바라보는 길고양이도 다시 바라보게 됐다고 한다. 그의 그림 속에 가끔 등장하는, 한쪽 귀 끝이 잘린 고양이는 개체 수 증가를 막기 위한 중성화 수술을 받고 방사된 길고양이를 뜻한다. 중성화 수술을 받았다는 표시로 귀 끝을 약간 자르는데, 그 모습을 보고 마음이 짠해 그림에 담아본 것이다. 집 앞에서 종종 마주치는 삼색 길고양이에게는 월화라는 이름도 붙여줬다.

고양이에 대한 관심이 늘고 생활 속에 고양이가 등장하면서, 그의 그림에도 변화가 생겼다. 2006년 5월 충무로 오재미동에서 첫 개인전 〈아무도 모른다〉전을 열었을 때, 그는 자신의 이야기를 있는 그대로 그림으로 표현하고 싶었다. 전시에서 처음 고양이 인간을 선보인 것도 그 무렵이다. 샴비를 만나기 전에는 인체를 주로 그렸지만, 샴비와 작가 자신의 모습이 혼재된 반인반수의 모습으로 마음의 상태를 그려보기 시작한 것이다.

마음의 평안을 찾아가는 '고양이 인간'
화 가 . 성 유 진

「Everything」, 다이마루에 콩테, 130.3×97cm, 2008

"대화를 할 때 솔직해야 진심이 전달되는 것처럼, 그림에서도 자기 이야기를 가식적이지 않게 전하는 게 중요하다고 생각했어요. 샴비와 함께 사는 생활 이야기부터, 저의 내면 이야기를 있는 그대로 그려내는 것도 그 때문이에요."

그 무렵의 그림 중에 인상 깊었던 것이 2006년 갤러리헛에서 열린 〈'EGO'라는 사탕을 물다〉전에 출품한 「불안한 식욕」이라는 작품이다. 고양이인지 털 뭉치인지 모를 커다란 얼굴의 입에서 흘러나오는 수많은 손은, 토하고 싶어도 토해지지 않는 마음속의 지옥을 그대로 보여준다. 먹은 것을 반복해서 토해내는 심리의 밑바탕에는 자기 부정과 혐오감이 깔려 있다. 상습적으로 구토하는 사람은, 자기 자신을 토해낼 수 없으므로 한때 자신의 몸과 하나였던 것, 즉 먹은 음식을 토해낸다. 이들이 먹고 토하기를 반복하는 행동은 제 살을 허물어내는 자기 학대에 가깝다.

하지만 성유진의 그림에서 반복되는 구토의 이미지는 자학과는 다른 정화의 의미를 지닌다. 우울증에 걸려 폭식과 구토를 경험한 적이 있는 작가는, 자신의 몸이 속한 불안한 세계를 보타로스Botaros로 규정하고, 그 세계를 토하듯 몸 밖으로 밀어냄으로써 평안을 되찾으려 한다. 보타로스란 몸body과 그리스 신화에 등장하는 바닥없는 지옥, 타르타로스Tartaros가 조합된 개념으로, 무저갱처럼 깊은 마음의 심연을 뜻한다. 사람이 싫다면 헤어지면 되고, 몸담은 곳이 싫으면 떠나면 되지만, 정작 무서운 건 마음이다. 마음이 나를 베고 찌른다 해서, 내 몸에서 떼어낼 수 있을 리 만무하므로.

마음의 평안을 찾아가는 '고양이 인간'
화　　가　　　성　유　진

「불안한 식욕」, 다이마루에 콩테, 162.2×130.3cm, 2008

 고통스런 마음에서 도저히 벗어날 수 없다고 느낄 때, 지옥은 멀리 있지 않다. 그 마음의 지옥에서 파생된 존재가 바로 작가의 자화상인 고양이 인간이다. 일그러지고 비틀린 모습을 한 반인반수의 생명체 안에서 익숙한 불안과 마주칠 때, 관람자는 마음속의 어두운 거울을 마주본 것과 같은 경이로움을 느낀다. 성유진의 그림 앞에서 쉽게 발길을 뗄 수 없는 이유도 거기에 있다.
 힘겹게 자신과의 싸움을 계속하는 고양이 인간의 모습에서 희망을 갖게 되는 것은, 그가 품은 눈동자의 생명력 때문이다. 예술작품 속의 눈이 의식의 중심을 상징하면서 통합된 자아를 꿈꾸는 매개체로 종종 등장한다는 것을 염두에 둔다면, 이러한 눈이 강조된 그림은 의식의 개안을 상징한다. 특히 초창기 그림에서 고양이의 머릿속에 존재하는 또 다른 머리들, 다시 그 머릿속에 박힌 조그만 눈의 반복은 내적 각성에 대한 갈망을 보여준다. 불교적 도상으로서의 만다라는 엄격하게 정해진 규칙에 따라 그려지는 그림이지만, 내면의 요구에 따라 자유롭게 그려지는 성유진의 만다라는 마음이 겪

마음의 평안을 찾아가는 '고양이 인간'
화 가 성 유 진

「무제」, 다이마루에 콩테, 162.2×112.1cm, 2009

는 문제를 진단하고 치유하는 도구다. 고양이 인간의 눈동자를 만다라 삼아, 수많은 선으로 가득 찬 형상을 반복해 그리면서 평안을 구하는 것이다.

격한 감정과 불안을 뿜어내던 초기작과 달리, 최근작에서는 배경 처리나 색채 면에서 의미 있는 변화가 감지된다. 처음에는 배경 없이 흑백 드로잉 위주로 작업했지만, 최근 완성한 작품들에서는 색채도 강렬해지고 자연을 상징하는 녹색 배경이 새롭게 등장한 것이다. 초록색이 치유를 상징하는 색임을 감안하면, 작가가 고양이 인간을 그리면서 얻게 된 마음의 안정과 변화를 짐작할 수 있는 부분이다.

언뜻 보기에는 유화 물감이나 아크릴 물감으로 그린 것이 아닌가 싶지만, 작가가 주로 쓰는 재료는 드로잉 작업에 즐겨 쓰이는 콩테다. 콩테를 쓰다 끝이 뭉툭해지면, 220번 사포에 콩테 끝을 갈아 다시 모서리를 날카롭게 만든다. 묻어나는 가루는 휴지로 틈틈이 닦아내가면서 사용한다. 마치 화폭에 고양이털을 심기라도 하듯이, 섬세한 선을 한 가닥씩 긋는 일을 반복하며 끈기 있게 색을 채워나가 마침내 그림을 완성시키는 것이다. 녹색을 표현할 때도, 기성품을 한 색깔만 쓰는 것이 아니라, 비슷한 계열의 색깔을 여러 가지로 섞어 써서 깊이 있는 색감을 나타낸다.

성유진이 가장 애착을 느끼는 재료가 콩테라는 점은 의미심장하다. 붓이 애무하듯 부드럽게 캔버스를 어루만지는 도구라면, 콩테는 딱딱하게 각을 세운 제 몸을 캔버스에 문질러 소멸시키며 날카로운 궤적을 남긴다. 그렇게

마음의 평안을 찾아가는 '고양이 인간'
화　　가　　성　　유　　진

「무제」, 다이마루에 콩테, 116.8×91.0cm, 2010

가느다란 상흔처럼 반복된 가는 선이 겹겹이 쌓여, 마침내 보드라운 털로 뒤덮인 고양이 인간의 모습이 나타난다.

"콩테로 작업을 하다 보면, 그리는 일인데도 조각과 비슷하다는 생각이 들어요. 무엇보다도 콩테가 깎이면서 나타나는 선의 느낌이 좋아요. 대학에서 불교 미술을 전공할 때 선배들이 선 긋기부터 도제식으로 엄격하게 가르쳤는데, 선 긋기 연습이 끝나면 고려시대 불화를 따라 그리게 하거든요. 그런데 전 그런 도제식 그림보다는 콩테로 그렸던 누드 크로키가 자유로워서 더 좋았던 기억이 나요."

고양이의 털을 한 올 한 올 묘사하려면 콩테를 날카롭게 깎아 써야 해서, 칠하면서 소모되는 양이 반, 깎여서 버려지는 양이 반이다. 그래서 주변 사람들이 유화물감으로 재료를 바꿔보라고 권하기도 하지만, 아직까지는 콩테의 가능성을 계속 실험해보고 싶다. 재래시장에 나가 여러 종류의 천을 끊어다가 실험하면서 콩테가 가장 효과적으로 안착되는 천을 찾았고, 그것이 지금 사용하는 다이마루다. 가루가 날리기 쉬운 콩테의 정착 문제도, 시행착오 끝에 만족스런 결과물을 낼 수 있게 됐다. 요즘은 작업실 한편에 투명한 비닐로 벽을 만들고, 에어건으로 정착액을 뿌려 마감한다.

마음의 평안을 찾아가는 '고양이 인간'
화　　가　　성　유　진

한참 재료 이야기를 하던 작가가 싱크대 위의 찬장을 열어 보인다. 양념이며 그릇이 들어 있어야 할 찬장에는 그림 재료가 가득하다. 가끔 그림이 팔려 목돈이 들어오면, 같은 색의 콩테를 많이 사 둔다. 콩테에는 유분이 포함되어 있는데, 회사마다 유분의 비율이 다르고 심지어 같은 회사의 같은 색 콩테에서도 가끔 차이가 날 때가 있어서, 쓰던 색깔의 수입이 중단되거나 품절되면 같은 느낌을 낼 수 없는 어려움이 있다. 속 모르는 친구들은 작업실에 쟁여둔 재료를 보고 "와, 너 부자구나" 하고 놀라지만, 실은 그런 고충이 있기에 미리 사두는 거라고 한다. 오픈 스튜디오 기간이 끝나면, 곧 작업실을 새로 얻을 것이라고도 귀띔해주었다.

난지미술창작스튜디오에서 퇴소한 뒤에, 성유진은 예정대로 아담한 작업실을 새로 구했다. 방 하나는 그림을 그리는 공간으로, 다른 방 하나는 재봉실로 쓰고 있다. 작업실 규모는 예전보다 작아졌지만, 샴비가 좋아할 만한 아담한 정원도 있다. 주택가 안쪽으로 한참 들어간 곳에 있어 작업에만 집중할 수 있는, 한결 아늑한 분위기다.

작가는 이곳에서 틈틈이 새로운 작품을 하면서, 고양이 인간 모양의 봉제인형을 만들었다. 2010년 10월에는 직접 만든 고양이 인형 115개를 모아, 신작과 함께 갤러리 스케이프에서 전시도 열었다. 이번에는 혼자 옷장 속에 숨어 놀던 어린 시절의 기억부터 작업실에서 봉제인형을 만들던 기억까지도 그림 속에 포함됐다. 그가 분절된 인형의 신체를 꿰매는 작업 역시 상징적인

마음의 평안을 찾아가는 '고양이 인간'
화　　가　　성　　유　　진

치유의 연장선상에 있다.

  내면의 불안을 폭발적으로 뿜어낸 초기 작품부터, 상처의 봉합을 꿈꾸는 최근작에 이르기까지 성유진의 그림에서 변하지 않는 것이 있다면, 치유와 평안에 대한 갈망이다. 마음의 지옥을 넘어 평안의 세계에 닿을 때까지, 그가 창조해낸 고양이 인간은 치열한 여정을 계속해나갈 것이다.

홈페이지 ▶ http://www.sungyujin.co.kr
블로그 ▶ http://www.sungyujin.com

꿈꾸는

고양이의

금빛 날개

도예가 김여옥

먼 곳을 응시하는 고양이의 뒷모습은 아름답다. 귀 끝부터 꼬리까지 흐르는 매끄러운 곡선은 그 자체만으로 유혹적이다. 도예가 김여옥은 고양이 몸이 보여주는 아름다운 선에 반해 고양이의 모습을 흙으로 빚기 시작했다. 유혹을 상징하는 화려한 양귀비꽃을 곁들여서. 그래서 그의 작업실 이름도 파피캣 poppycat 이다.

평소 즐겨찾기해둔 김여옥의 홈페이지에서 전시 소식을 접하고, 종로구 계동의 갤러리를 찾았다. 한옥을 개조해 만든 아담한 전시 공간 안팎으로 검은 고양이들이 와글와글하다. 기와를 얹은 담벼락에 몸을 누이고 낮잠 자는 녀석, 나비를 잡느라 까치발로 뛰는 녀석, 창 너머를 고요히 바라보는 녀석. 고양이 털빛은 하나같이 검은 듯 푸르고, 잿빛인가 싶다가도 은빛을 띤다. 따스하면서도 서늘한 기운이 도는, 딱 잘라 무엇이라 규정하기 힘든 색이다.

"고양이 작업의 첫 모델이 된 아이가 러시안 블루 고양이였어요. 처음 봤을 때 몸의 선이나 빛깔이 너무 예쁜 거예요. 감자떡 빛깔 아시죠? 딱 그 색이었어요. 그래서 고양이 이름도 감자떡을 줄여서 '감자'라고 지을 정도였어요."

감자와 함께 살기 전에는 얼룩무늬 고양이 땅콩과 오이를 키웠지만, 그때까지만 해도 고양이를 모델로 작품을 만들 생각은 못했다. 그러다 5년 전쯤 집에 들인 고양이 감자가 그에게 영감을 주는 소중한 모델이 됐다. 본격적으로 고양이를 빚기 시작한 것도 이즈음부터다.

대학원 재학 시절 그는 라쿠樂燒 기법을 즐겨 사용했다. 가마에서 기물을 구워 약 1,000℃가 될락 말락 할 무렵, 뜨거운 상태의 기물에 톱밥을 뿌리고 연기가 스며들게 하는데, 이런 과정을 '연煙을 먹인다'고 한다.

"우리가 흔히 보는 기와도 '꺼먹이 소성'이라고 해서 라쿠와 비슷하게 연을 먹이는 건데요. 라쿠와 꺼먹이는 약간 차이가 있지만 연을 완전히 흡착시키는 방식이에요. 그러려면 기물의 기공이 열려 있어야 하는데, 뜨거울 때 꺼내야 해서 연기가 굉장히 많이 나요. 그래서 서울 시내에서, 그것도 지하 작업실에서 라쿠 작업을 하기는 어렵죠. 대학원 졸업 후에 라쿠와 비슷한 느낌을 낼 방법을 고민하다가, 고온 소성이 가능하면서도 원하는 색을 낼 수 있는 산화물을 찾았어요."

신비로운 빛깔의 검은 고양이는 어떤 과정을 거쳐 만들어질까. 상수동에 위치한 작업실로 자리를 옮긴 김여옥이 시범을 보인다. 습기가 마르지 않게 비닐봉투에 담아둔 흙을 돌판 위에 펼쳐 여러 번 치대고 밀대로 밀어 일정한 두께로 편 다음, 모눈종이에 그린 기본 도안을 흙 반죽 위에 얹고 고양이의 실루엣대로 윤곽을 도려내 손으로 가장자리를 매끈하게 다듬는다. 그 다음이 작품을 만드는 과정에서 가

장 중요한 단계다. 고양이의 뼈대를 예상하고 근육 부위를 붙여가며 부조를 만드는 일인데, 그 과정에서 고양이 특유의 생동감이 드러나야 하기 때문이다. 얼굴의 미세한 근육을 표현하기 위해 한 점씩 흙을 붙여가며 표정 변화를 표현하는 데도 신경을 쓴다. 비슷한 듯하면서도 하나하나 다른 고양이의 모습은 그렇게 태어난다. 형태를 잡는 작업이 끝나면, 소성 작업이 기다린다.

  김여옥의 작업실에는 큰 가마와 작은 가마가 각각 하나씩 있다. 큰 가마에서는 본 작품을 굽고, 작은 가마는 구워진 흙의 빛깔이나 유약 색을 시험하기 위한 시편試片 가마로 쓴다. 작업실 개수대 위로 나란히 걸린 알록달록한 시편들은 다양한 유약 실험의 결과물이다. 그는 기물 원형에 금이 가거나 휘어지지 않는 한, 열 번이건 스무 번이건 유약을 다시 칠해서 원하는 색깔이 나올 때까지 굽는다고 한다. 유약이 겹쳐지면서 밑에서 색이 올라오는 효과 때

꿈꾸는 고양이의 금빛 날개
도예가 김여옥

문에 더 풍부한 색감의 작품을 만들 수 있다는 것이다.

묵직한 뚜껑을 위로 들어 올리니, 우물처럼 깊고 넓은 가마 속에 살구색 피부의 고양이가 한 쌍 잠들어 있다. 초벌구이여서 아직 색이 입혀지지 않은 상태다. 반죽 상태의 거무죽죽한 흙을 구우면 이렇게 산뜻한 빛깔로 변한다.

김여옥이 빚은 고양이에게서는 동그랗고 커다란 눈을 찾아볼 수 없다. 대부분 뒷모습이고, 정면에서 본 모습이 있어도 꿈꾸는 듯 눈을 감고 있다. 그가 고양이의 가장 큰 매력 중 하나인 눈동자를 묘사하지 않는 이유가 있다.

"사람들이 고양이를 싫어하는 이유 중 하나가 눈이래요. 반짝이는 고양이의 눈을 보고 경계하는 눈빛으로 여기거나, 심지어 사악해 보인다고까지 말하는 게 안타까웠어요. 고양이를 무서워하는 사람도 친근감을 갖게 하려면 어떻게 해야 할까 생각하다가, 고양이가 하늘을 올려다보면서 바람 냄새를 맡을 때의 모습을 표현해보고 싶었어요. 그럴 때의 고양이는 바람 속에서 뭔가 정보를 얻는 것 같기도 하고, 사색하는 느낌도 들잖아요. 굳이 눈을 표현하지 않아도 고양이의 몸 자체가 워낙 선이 아름다워서, 그런 실루엣을 강조한 작품을 만들었죠."

김여옥이 벽에 가득 붙은 고양이 사진 중 하나를 가리킨다. 감자의 모습이다. 사색하는 듯한 자세가 마음에 들어서 찍었던 첫 사진이라 했다. 지금까지 그의 곁에 머물렀던 고양이는 모두 다섯 마리지만, 외출이 잦았던 오이는 갑자기 사라져 소식이 묘연하고, 땅콩은 갑작스런 구토 후 호흡곤란으로 죽고 말았다. 요로결석 수술을 받고 시름시름 앓던 감자도 세상을 떠난 지금, 그의 곁에 남은 건 샴 고양이 고구마와 페르시안 고양이 누룽지 두 마리뿐이다. 다섯 마리 고양이의 이름을 모두 먹을 것에서 따온 점이 특이하다.

"느낌을 보고 이름을 지어요. 집 앞에 버려진 땅콩을 처음 봤을 때는 정말 땅콩만해서 그렇게 불렀고요. 오이는 생후 한 달쯤 됐을 때 학교 앞 서점에서 분양하는 걸 데려왔는데 부르기도 쉽고 상큼한 느낌 때문에 붙인 이름이죠. 샴 고양이는 딱 고구마 같잖아요. 구운 속살은 노랗고 껍질은 타서 까맣고. 달콤한 느낌도 들고요. 누룽지는 털 빛깔이 구수한 누룽지 같아서 그렇게 불러요."

5년 전 동물병원에서 데려와 넷째로 들인 고구마케이크, 줄여서 고구마는 집 근처에 사는 턱시도 길고양이 대장도 제압할 만큼 위풍당당한 고양이다. 2008년 12월경 데려온 막내 누룽지는 유기묘였다가 그의 집에 입양된 경우다. 원래 누룽지는 김여옥이 잠시 '빌려온' 고양이였다. 페르시안 고양이 작

꿈꾸는 고양이의 금빛 날개
도 예 가 김 여 옥

품을 주문받고 모델이 필요했던 김여옥은, 주변에 장모종 유기묘를 돌보던 작가에게 부탁해 누룽지를 데려왔다. 원래는 며칠만 데리고 있다가 돌려보낼 생각이었단다.

"사진을 몇 장 찍다 보니 털이 너무 엉망이라 동물병원에 미용을 부탁했어요. 한데 좀 있다가 고양이를 찾으러 가보니 털을 홀랑 밀어놨더라고요. 털이 심하게 엉킨 바람에 살짝 다듬는 걸로는 해결되지 않았던 모양이에요."

털이 하나도 남지 않아 모델로도 쓸 수 없게 된 고양이를 되돌려 보내야 할 상황이었는데, 엎친 데 덮친 격으로 고양이가 덜컥 폐렴에 걸렸다. 기생충이 폐에 알을 낳았다고 했다. 하지만 한 번도 기생충을 본 적이 없는 김여옥은

고양이가 기생충에 감염된 줄 몰랐다.

"구토한 걸 보니까 웬 국수 가락 같은 게 둥둥 떠 있는 거예요. 근데 그게 기생충이래요. 아마 전 주인이 고양이가 예뻐서 키우다가 털 날리고 병드니까 버렸나 봐요. 누룽지를 치료하는 데만 한 달 이상 걸렸어요. 그러고 나니 차마 돌려보낼 수 없어서 그냥 저희 집에서 키웠죠."

처음에는 고양이를 그다지 좋아하지 않았지만 어느새 작품 모델로까지 삼게 된 작가는, 다섯 마리 고양이들이 곁에 머물며 전해준 깨우침을 소중히 여기고 있다. 가족이란 무엇인가에 대한 생각이다.

"책임져야 할 대상이 생길 때 사람들은 좀 더 힘을 내서 살잖아요. 그전까지는 고양이에게 짜증도 내고 화낼 때도 있었는데, 새로운 아이를 만나고 또 떠나보내는 과정에서 후회도 많았고 많은 것을 배웠어요. 오이, 땅콩, 감자를 보내고 나서 저도 많이 성숙해진 것 같아요. 내가 애정을 쏟고 관심을 주는 만큼, 그들도 그만큼 내게 사랑을 주고 웃게 만들어준다는 걸 알았어요. 인위적으로 만들려고 해도 만들 수 없는 게 가족이잖아요. 그런 가족을 만들어준 인연이 참 소중하죠."

누룽지도 들어오고 했으니, 단모종 고양이 모습 말고 장모종 고양이로도 작품을 만들어 볼 계획은 없는가 물었다. 그런

「COEXISTENCE」, 117×27×7cm(꽃) · 42×35×5cm(고양이), 2010(왼쪽 페이지)

「Flower Wings」, 80.7×83cm, 2007

데 이제 함께 사는 고양이는 가능하면 모델 삼고 싶지 않단다. 지금 하는 작업도 감자와 땅콩을 모델로 만든 게 있어서 가끔 생각나는데, 언젠가 세월이 흘러 떠나보낸 고양이가 자꾸 떠오르면 마음이 힘들 것 같아서다.

흙으로 고양이의 실루엣을 빚어내는 작업을 계속하는 동안, 작품에도 변화가 생겼다. 고양이 홀로 있던 작품에 창이라는 요소가 추가된 것이다. 창밖의 세계를 그리운 듯 바라보는 고양이를 만드는 작가에게, 창은 이 세상과 저 세상의 경계선인 동시에 다른 세상과 통하는 문이기도 하다. 고양이 특유의 호기심과 자유를 갈망하는 마음이 네모난 창 하나에 고스란히 담긴다.

또 다른 변화는 먼 곳을 그리운 듯 바라보기만 하던 고양이의 등에 날개가 솟아났다는 점이다. 꿈꾸는 고양이의 몸에서 둥실 솟아나는 상상 속의 날개는, 깃털이 아닌 양귀비 꽃잎으로 만들어진 금빛 날개다.

김여옥은 조지아 오키프의 화려한 꽃 그림을 좋아한다. 단지 꽃을 클로즈업해 그린 것뿐인데, 오키프의 꽃 그림은 꽃잎 하나하나에 새겨진 주름부터 살포시 벌어진 꽃잎의 자태까지 모든 것이 강렬한 유혹으로 다가온다. 자신이 빚어내는 양귀비꽃 날개에도 그런 화려함과 묘한 매력을 담고 싶다.

"양귀비도 야생화이기 때문에 길고양이 같은 야생의 자유로움을 상징하는 면도 있고요. 또 호기심 많은 고양이에게 날개가 생기면 얼마나 큰 힘이 되겠나 싶기도 해요. 가고 싶은 곳도 자유롭게 갈 수 있고, 위험하면 빨리 숨을 수도 있고. 그런 고양이의 꿈을 이뤄주고 싶어요."

꿈꾸는 고양이의 금빛 날개
도 예 가   김 여 옥

이야기로만 듣던 고구마와 누룽지를 만나고 싶어서 작가의 집에 찾아가본다. 샴 고양이 고구마는 내 얼굴이 낯선지 잠시 바라보더니, 옥상으로 통하는 철제 계단을 잽싸게 뛰어올라 달아난다. 얼른 쫓아가보니, 지붕을 훌쩍 뛰어넘어 옆집으로 가는 게 아닌가. 단층집들이 인접한 주택가라 지붕끼리 머리를 맞댄 집이 많아서, 집고양이인 고구마도 손쉽게 이 집 지붕에서 저 집 지붕을 타넘는다. "고구마, 이리 와!" 하고 이름을 불러도 무시하고 거침없이 지붕을 넘더니, 이웃집 담을 훌쩍 뛰어넘어 어디론가 사라졌다. 고구마는 그렇게 종종 동네 산책을 나갔다가 돌아온다고 한다. 이제는 동네 사람들도 고구마가 김여옥의 고양이라는 사실을 알 만큼 유명하다.

유기묘였던 누룽지는 겁이 많아서 낯선 사람을 보면 숨기부터 한다. 내 눈치를 살살 보며 안방 구석자리로 쏜살같이 달려가는 누룽지를 김여옥이 번

쩍 안아 올려 눈을 맞춘다. 가끔 하악질도 하지만, 그래도 지금은 많이 경계심을 풀고 좋아진 편이다.

새로운 가정에 입양 와서 빠른 시일 내에 적응하는 넉살 좋은 고양이도 있지만, 한 번 버려졌던 고양이가 완전히 마음을 열기까지는 시간이 필요하다. 김여옥과 그의 가족이 인내심을 가지고 그 시간을 기다려줘서, 아픈 고양이라는 것을 알면서도 외면하지 않아줘서 고맙다. 고양이를 버리는 손도 있지만, 버려진 고양이를 보듬는 손도 있기에, 이 세상은 삐걱거리면서도 균형을 잃지 않고 굴러가는 게 아닐까. 김여옥은 누룽지의 털로 뭔가 만들어보고 싶어 털을 버리지 않고 모아두었단다. 그릇에 뭔가를 잔뜩 담아 내오는데, 다 누룽지의 털이었다. 미술재료상에서 사온 모헤어인가 싶을 정도로 많았다. 고양이를 키우는 작가들이 모여서 고양이 털을 모아 만든 펠트 작품으로 전시회를 연다면 얼마나 재미있을까? 예상치 않은 곳에서 문득 새로운 작품의 실마리를 얻게 되고, 나와 비슷한 수집 취미를 지닌 사람과 허심탄회하게 이야기를 나눌 수 있다는 것, 그게 고양이 작가를 만나는 또 다른 즐거움 아닐까 싶다.

홈페이지 ▶ http://www.poppycat.co.kr

낯설지만

매혹적인

메르헨의 세계 　　　　인형작가 이재연

인형작가 이재연의 작업실 입구는 피규어로 쌓은 작은 성벽 같다. 어두운 지하 계단을 내려가 문을 열고 들어서면, 유리관처럼 투명한 상자에 담긴 피규어가 벽을 따라 벽돌처럼 빼곡하게 들어차 있다. 그가 인형을 만드는 작업실이 온라인 피규어 쇼핑몰 창고도 겸한 까닭이다. 피규어 상자 사이로 난 좁은 길을 따라 조심스레 안으로 들어가니, 그제야 인형을 만드는 작업대가 보인다. 컴퓨터 2대와 작업용 책상, 인형 옷을 만들 때 쓰는 재봉틀, 각종 공구들이 가지런히 정리되어 있다. 기이함과 아름다움 사이를 넘나드는 이재연의 인형들이 이곳에서 태어난다.

이재연은 웹디자이너로 일하다가 개인 작업을 하고 싶은 마음에 회사를 그만두고, 한동안 온라인 피규어 쇼핑몰을 운영했다고 한다. 좋아하는 피규어를 직접 만들고 싶어서 학원도 알아보았지만, 딱히 여기다 싶은 곳이 없었다. 그러다 2003년 겨울 찾아간 곳이 한국 구체관절인형작가 1세대인 정양희 작가의 인형교실이었다.

인형 하면 흔히 떠올리기 마련인, 귀여운 얼굴과 육감적인 몸매를 지닌 여느 인형들과 이재연의 인형은 사뭇 다르다. 그는 예쁘기만 한 인형을 만들기보다, 대량생산형 인형의 얼굴에 결핍된 어떤 감정을 담고 싶어한다. 그래서 굳이 팔등신 미인의 비례에 맞춰 인형을 만들지 않는다. 마음 깊은 곳에 억눌린 감정을 표현하는 데에는, 미묘하게 비례가 어긋난 몸이 더 잘 어울린다고 생각하기 때문이다. 오랜 세월 구전되면서 무의식에 의해 걸러지고 이야기의 정수만 남은 메르헨이 시대와 국가를 초월해 사랑받는 것처럼, 이 메르헨의 세계에 매혹된 이재연이 만드는 인형도 인간 마음속의 원형과 맞닿아 있다. 죽은 채로 태어났으나 영원한 생명을 지닌 듯하고, 인간과 닮았으나 인간

「여우」, 비스크, 높이 약 15cm, 2009(오른쪽 페이지)

일 수 없는, 인간과 기계의 모호한 경계선에 있는 구체관절인형의 매력은 그의 손을 거쳐 더욱 도드라진다. 현실세계에서는 보기 힘든 그로테스크한 외모를 하고 있어도, 그가 만든 인형이 아름답지 않은 건 아니다. 다만 획일적인 미의 기준을 따르지 않기에 낯설어 보이는 것뿐이다.

"한 번은 인사동에서 전시를 열었는데, 조카가 '고모 인형은 너무 슬퍼요' 그래요. 의도하지 않았지만 그런 표정이 나오는 게 제 인형의 특징 같아요. 처음에는 감정을 형상화하는 것에만 관심이 있었는데, 요즘은 동물과 사람의 중간 단계를 묘사하는 데 마음이 끌려요. 이를테면 앞에서 볼 땐 토끼 머리통이었는데 뒤를 보면 사람 얼굴이 있다든가, 얼굴은 고양이인데 몸은 사람이든가 하는 식이죠."

인간의 신체 비율을 변형시키기도 하고, 인간과 동물의 모습을 결합한 작업에도 관심이 있지만, 무엇보다 관심이 가는 것은 기존에 존재했던 동화나 소설에 판타지를 가미해 새로운 형태를 만드는 일이다.

『거울나라의 앨리스』에 등장하는 '붉은 여왕'을 재해석한 고양이 인형도 그 예다. 원서에 수록된 존 테니얼의 삽화도 아름답긴 하지만, 삽화에서 생김새와

「이상한 나라의 앨리스」, 석분점토, 높이 약 60~70cm, 2008

옷차림까지 규정된 캐릭터를 고스란히 입체로 재현하는 건 흥미가 없었다. 그래서 설정에 변화를 준 캐릭터가 조깅복을 입은 붉은 여왕이다. 금방이라도 앞으로 튀어나갈 듯한 탄탄한 근육, 날렵한 손날, 인간과 고양잇과 동물이 기묘하게 뒤섞인 얼굴은 실제 고양이가 날쌘 육상선수로 변신한 것처럼 보인다.

"『거울나라의 앨리스』에서 붉은 여왕은 내내 달리기만 하는데, 그것도 특이하게 뒤로만 달려요. 그런 설정이 흥미로워서 조깅복을 입고 운동화를 신은 여왕으로 만들었어요. 하지만 사람들은 '저런 옷을 입은 인형이 왜 여왕이냐'고 물어요. 보통 여왕은 드레스를 입고 왕관을 쓴 모습으로 표현되니까, 조깅복을 입은 여왕은 낯설었던 거죠."

원작의 이미지가 강렬할수록, 그것을 비틀어 다른 방식으로 작업하는 것은 까다로울 수밖에 없다. 기존에 널리 알려진 원작의 이미지가 사람들의 머릿속에 뚜렷하게 각인되어 있기 때문이다. 원작에서 조금만 이야기를 틀어도 사람들은 낯설게 여기고, 정답이 아니라고 말한다. 그러나 이재연이 인형을 만들면서 관심을 두는 것은, 익숙한 대상을 낯설게 보는 작업이다. 그에게 낯선 것은 배척해야 할 대상이 아니라, 새롭

「거울 나라의 앨리스-붉은 여왕」, 석분점토, 높이 약 40~45cm, 2008

「어린 왕자를 만나다」, 비스크 · 혼합재료, 높이 약 70cm, 2010

고 매혹적인 무엇이다. 함께 인형교실을 다니던 동료들과 단체전을 열면서 명화 속의 한 장면을 인형으로 재해석하거나 『어린 왕자』, 『피노키오』 같은 고전적인 작품에 등장하는 캐릭터를 새롭게 만들어보는 것도 그가 선택한 '낯설게 하기'의 방식이다. 예컨대 『어린 왕자』를 테마로 한 비스크 인형들은 소설 속에 등장하는 인물들의 모습을 재해석해 눈길을 끈다. 소설의 화자인 생텍쥐페리는 비행모와 선글라스를 쓰고 가죽 재킷을 입은 고양이 비행사의 모습으로 등장하며, 허영심 많은 장미는 새침한 소녀의 모습으로, 결말에서 어린 왕자를 물었던 뱀은 코브라 모양 의상을 입은 고혹적인 팜파탈의 모습으로 등장한다. 그렇게 다양한 등장인물이 나오는 전시장을 조그만 연극 무대처럼 연출하는 것 역시, 인형을 만드는 것만큼이나 그가 공들여 작업하는 부분 중 하나다.

고양이를 좋아하는 작가의 작업실에는 세 마리 고양이가 항상 머물고 있다. 고양이의 이름은 피비, 조이, 모니카. 한때 작가가 즐겨 보던 미국 시트콤 「프렌즈」의 주인공 이름을 따서 지은 것이다. 주인공이 모두 여섯 명인지라, 남은 이름은 집 근처로 밥을 얻어먹으러 오는 길고양이들에게 붙여줬단다.

「노란 뱀」, 비스크·석분점토, 높이 약 28cm, 2010(왼쪽)
「장미」, 비스크, 높이 약 25cm, 2010(오른쪽)

피비와 조이는 둘 다 러시안 블루여서 처음 본 사람은 구분하기가 어렵다. 그러나 이재연은 가만히 보면 체형도 다르고 성격도 달라서 쉽게 구분할 수 있다고 한다. 쌍둥이를 키우는 엄마가 단번에 누가 언니고 동생인지 알아차리는 것처럼. 피비보다 약간 마른 얼굴형에 눈을 감으면 웃는 것처럼 눈초리가 살짝 올라가는 건 조이, 유유자적한 성품만큼이나 동그란 얼굴을 갖고 있어서 포근한 느낌이 드는 건 피비. 황금빛 눈동자에 예쁜 고등어무늬 망토를 둘러쓴 모니카까지, 세 마리 고양이는 저마다 성향이 다르다. 막연히 '고양이다움'으로 뭉뚱그려지지 않는 '피비다움', '조이다움', '모니카다움'이 분명 존재한다. 그리고 그런 고양이의 이미지는 이재연이 동물을 테마로 한 인형을 만들 때마다 인형의 몸 어딘가에 스며든다. 이재연에겐, 자신이 만든 인형들이 고양이와 함께해온 삶을 반영하는 자화상 같은 존재다.

작업실 고양이의 소개를 들었을 때는 분명 세 마리라고 했는데, 보이는 건 피비뿐이다. 둘째 조이는 낯가림이 있어 커튼 뒤로 숨은 지 오래고, 인형 수업을 마치고 집으로 돌아가다 발견한 길고양이였던 막내 모니카도 겁이 많다. 둘 다 낯선 사람이 보이면 후다닥 달아나고 만다. 유독 낯가림이 심해서 평소에는 모습을 잘 볼 수 없는 '투명 고양이'들이 있다는데, 조이와 모니카도 그런 모양이다. 고양이들이 좋아하는 간식 캔 따는 소리를 내면서 불러 봐도, 모니카는 커튼 사이로 살짝 얼굴을 내밀었다가 내 얼굴을 보고는 다시 얼른 숨는다. 캔 냄새의 유혹에 못 이겨 슬며시 다가온 조이를 작가가 냉큼 안

아 올리자, 10초쯤 작가의 품에 안겨 있나 싶더니 뒷발로 밀치면서 뛰어내려 달아나고 만다. 얼마나 날쌘지 고양이가 아니라 회색 표범 같다.

  동생들이 숨거나 말거나, 넉살 좋은 첫째 피비는 개의치 않고 모니터 위로 슬그머니 자리를 옮겨 앉는다. 뒤통수가 널찍한 CRT모니터는 책상 위에서 가장 넓은 자리를 차지하지만, 고양이 입장에서는 앉아 있을 자리도 넉넉하고 따뜻해서 제일 기분 좋은 자리다. 게다가 모니터 위에 앉아 있으면 가장 가까운 곳에서 좋아하는 사람을 지켜볼 수도 있으니 일석이조다. 세 마리 고양이들 중에서 사람을 가장 잘 따르는 피비는, 잘 때도 곁에 다가와 팔베개를 하고 잔다고 한다. 그러니 첫 고양이인데다 유달리 살가운 피비에게 애착이 남다를 수밖에 없다. 고양이를 모델로 한 비행사 인형도 피비를 생각하며 만들었다.

"피비를 모델로 인형을 만들 때는 되도록 실물과 닮게 만들고 싶었어요. 그러다 보니 너무 진짜 고양이처럼 되어버려서 인형다운 맛이 사라졌죠. 고양이 세 마리가 표정이 다르니까, 피비 말고도 하나하나 다르게 만들어보고 싶은 욕심이 있어요. 고양이에게서만 느껴지는 귀여운 포즈나 인상적인 상황, 표정…… 만들고 싶은 모습이야 너무 많죠."

이재연이 요즘 즐겨 만드는 건 비스크 인형이다. 점토로 만든 인형과 달리, 비스크로 만든 인형은 일정 수량까지 복제가 가능하고, 같은 원형을 쓰더라도 채색과 의상을 달리하면 전혀 다른 느낌의 인형이 되어 다양한 캐릭터를 창조하는 것이 가능해진다. 점토 인형이나 비스크 인형 모두 장단점이 있지만, 자유로운 형태를 묘사해야 할 때는 점토로 빚어 만들고, 매끄럽고 고급스런 분위기를 내고 싶을 때는 비스크를 선택한다.

"비스크 인형에는 눈 위치에 구멍을 뚫어서 안구를 넣으면 살아 있는 것처럼 생생하고 정교해 보이지만 차가운 느낌이 들죠. 저는 입체도 그림처럼 작업하는 걸 선호하는 편이라, 안구를 그리는 쪽이 더 마음에 들어요."

인형 몸만 완성했다고 작업이 끝나는 건 아니다. 메이크업부터 콘셉트에 맞는 의상, 가발, 소품까지 신경을 써야 한다. 전시를 하게 되면 인형이 설치될 공간 구성도 직접 계획해낸다. 의상을 따로 공부하진 않았지만, 재봉틀을 다룰 줄 알기 때문에 지금까지는 큰 어려움 없이 혼자 만들어왔다.

낯설지만 매혹적인 메르헨의 세계
인 형 작 가   이 재 연

이렇게 본체와 가발, 의상까지 완성된 인형은 전시회에 출품하거나, 인형 작가들의 연합 홈페이지인 판도라돌 www.pandoradoll.com에서 판매한다. 정성 들여 만든 인형마다 주민등록번호처럼 일련번호가 부여되고, 구매한 사람에게는 작가의 서명이 함께 기재된 보증서가 함께 배송된다. 인형을 보낼 때는 보호용 헝겊 파우치를 직접 만들어, 세 마리 고양이의 모습과 홈페이지 주소를 담은 주문 제작 스탬프를 찍어 보낸다. 자신의 이름을 걸고 만드는 인형이기에, 다른 사람의 집에 보낼 때도 그 이름에 걸맞은 형식을 갖춰 보내고 싶은 것이다. 시집가는 딸에게 하나라도 더 들려 보내고 싶은 엄마의 마음 같다.

다음 만남을 기약하고 작업실을 나섰다가, 계절이 두 번 바뀐 2010년 여름에야 그를 다시 만났다. 2010년부터는 인형교실에서 구체관절인형 맛보기반과 캐릭터 창작인형반 강사로 일하고, 수업이 없는 시간에 틈틈이 개인 작업을 하고 있다고 한다. 나만의 작업을 꿈꾸며 회사를 그만두었을 때, 그 꿈을 인형작가로 구체화할 수 있었던 곳도 인형교실이고, 평생의 스승과 동료도 여기서 만난 만큼, 그에게 인형교실의 의미는 각별하다. 그래서 혼자만의 작업실은 아니지만, 개인 작업실만큼 큰 애정으로 이곳을 돌아보게 된다. 혼자 작업실에 틀어박혀 개인 작업만 하다 보면 자기만의 세계에 빠져들기 쉽지만, 그는 인형교실에서 수강생을 가르치고 전시회를 준비하면서 힘을 얻는다. 생업을 이어가거나 작품을 만드는 공간 이상의 의미가 있는 것이다.

비스크 인형의 원형과 비스크 틀이며 고양이 인형의 도면 등 대부분의 자

 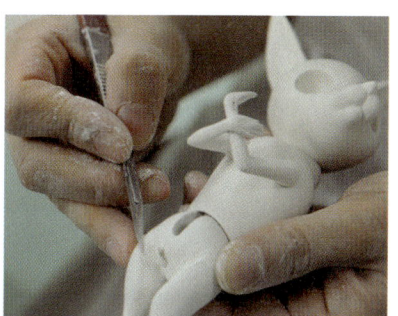

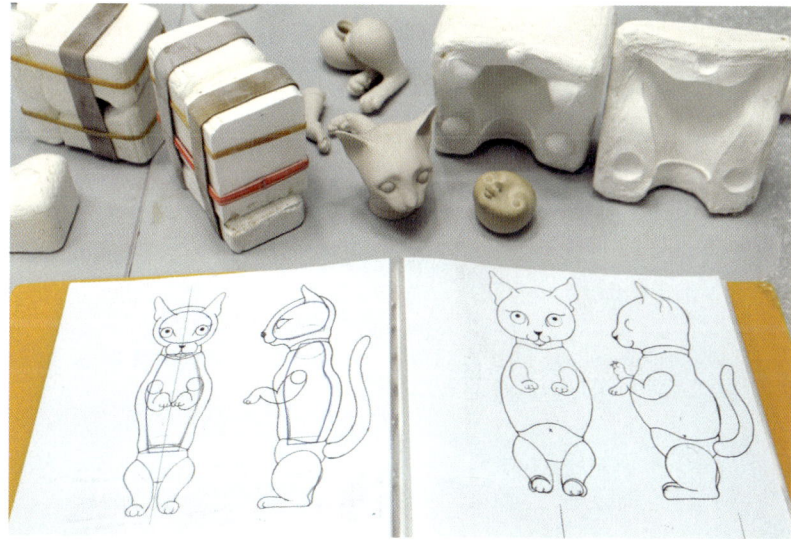

료들이 일산 작업실에 있지만, 현재 작업 중인 인형들은 인형교실에서도 볼 수 있다. 마침 피노키오 관련 전시의 등장 동물들을 점토 인형으로 만드는 중이어서, 작업 과정을 볼 수 있었다. 관절인형의 경우 각 관절이 서로 맞물려 자연스럽게 움직이려면, 형태를 잡은 다음에도 수없이 표면을 사포로 다듬어 가며 손을 봐야 한다. 그래서 점토로 인형을 만들 때 가장 골치 아픈 것이 점토 먼지다. 앞치마를 걸치고 작업하면 옷에 묻은 먼지는 막을 수 있어도, 허공을 부유하는 가볍고 미세한 먼지까지 피할 수는 없다.

아이소핑크로 뼈대를 만들고 점토를 발라 굳혔다가, 속을 갈라 아이소핑크를 깎아내고 다시 붙여 몸을 만드는 점토 인형과 달리, 비스크 인형을 만들 때는 먼저 유토(油土)로 원형을 만들고 석고로 틀을 뜬 다음, 흙물의 일종인 슬립을 틀에 부어 굳힌다. 슬립이 굳어 석고 틀에서 떼어낼 수 있게 되면, 이음새를 매끈하게 다듬은 다음 가마에 구워낸다. 가마에서 구워지면서 수분이 증

발하면 인형의 몸도 축소되기 때문에, 원래 만들고 싶었던 것보다 좀 더 큰 크기로 만들어야 한단다.

비스크 인형의 오묘한 색감은 그냥 나오는 것이 아니다. 한 번 색을 칠해

낯설지만 매혹적인 메르헨의 세계
인형작가 이재연

구워낸 다음, 식혔다가 다시 다른 색을 칠해 구워내기를 대여섯 번은 반복해야 어느 정도 원하는 색을 낼 수 있다고 한다. 비스크 인형을 보며, 언젠가 한 애묘인에게 들었던 이야기가 떠올랐다. 고양이 털은 손으로 매일 쓰다듬어 줄 때 비로소 오묘한 윤기가 돈다고. 그 윤기란, 잘 먹이고 빗으로 빗기는 것만으로는 낼 수 없다고. 형언할 수 없는 비스크 인형의 색감은, 그렇게 고양이 털을 쓰다듬듯 고운 붓으로 수차례 겹겹이 색을 입힌 정성의 결과물이 아닐까.

홈페이지 ▶ http://www.leejaeyeon.com
블로그 ▶ http://blog.naver.com/ljydoll

「턱시도 피비」, 비스크, 높이 약 20~25cm, 2007(오른쪽 페이지)

앙큼한 고양이와 개미요정의 한판 승부

화가 신선미

가끔 물건들이 사라지곤 한다. 대개 볼펜이나 머리핀, 열쇠처럼 소소한 물건들이다. 집 한구석에 버뮤다 삼각지대처럼 물건이 사라지는 구멍이라도 있는 걸까. 한데 아무리 찾아도 없는 물건들을 내가 잃어버린 게 아니라, 혹시 누군가가 숨긴 거라면?

화가 신선미는 이런 상상을 유머러스한 이야기 그림으로 풀어낸다. 순수함을 잃어버린 어른들의 눈에는 보이지 않고, 아이와 고양이의 눈에만 보이는 장난꾸러기 '개미요정'을 상상하고, 이들이 벌이는 한바탕 소동을 화폭에 펼쳐 보이는 것이다.

어려서부터 수차례 지적받고 신경 쓴 탓에 지금은 좋아졌지만, 작가는 한때 '나사 하나 빼놓고 다니는 사람 같다'는 말을 들을 정도로 건망증이 심했다. 툭하면 물건을 어디에 뒀는지 기억하지 못하고 잃어버리기 일쑤였는데, 그는 그때마다 건망증을 탓하는 대신, 물건들이 감쪽같이 사라진 이유를 마음대로 상상하곤 했다. 호기심이 넘쳐 인간의 물건을 탐내고, 엉뚱한 사건을 벌이는 개미요정의 이야기는 그렇게 시작됐다.

"어렸을 때 제가 호기심도 좀 많고 엉뚱했어요. 꿈을 꾸다 일어나면 '아, 그게 꿈이었구나' 하고 생각해야 하는데, 전 현실과 혼동하는 거예요. 꿈인지 생시인지 모를 그 순간에 뭔가 본 것 같다고 말하면, 이상한 소리를 한다고 어른들께 꾸중도 들었죠. 그땐 어른들 말씀에 수긍했는데, 지금 생각해보면 우리 눈이 닿지 않는 곳에 인간이 모르는 존재가 있지 않을까, 그때 본 것도 어쩌면 진짜가 아니었을까 하는 생각도 들어요."

어린 시절 꿈과 현실의 경계에서 살짝 얼굴을 비쳤던 존재들이 신선미의 그림에 등장한 계기는 '작업실 과자 실종사건'이었다. 2006년경 개인전에

앙큼한 고양이와 개미요정의 한판 승부
화　　가　　신　　선　　미

「당신이 잠든 사이 6」, 장지에 채색, 80×78cm, 2008

낼 그림을 준비하다 작업실에 과자를 조금 남겨둔 채 자리를 떴다. 한데 다음 날 보니 과자가 감쪽같이 사라진 게 아닌가? 결혼 전 작업실에서 혼자서만 지내던 무렵이라 자신 말고는 먹을 사람이 없었기에 화들짝 놀랐다. 건망증 탓에 전날 다 먹고도 기억을 못한 건지, 작업실에 개미가 있었는데 그 녀석들 짓인지, 그것도 아니면 혹시 어렸을 적 보았던 정체불명의 존재들이 그랬는지 알 수 없었다. 그때 원대 인물화가 임인발任仁發, 1255~1328의 그림 한 점이 머리를 스쳤다.

"중국회화사를 공부하면서 임인발의「장과견명황도張果見明皇圖」라는 그림을 본 적이 있어요. 당 현종 앞에 나아간 도사가 도술을 펼치는 장면인데, 모자함에서 인형처럼 작은 노새가 나와서 돌아다니는 그림이 무척 정교하고 재미있었죠. 그 그림

에 힘입어서 저도 상상 속에만 간직했던 개미요정을 그림에 등장시켜 봤어요.「건망증」에 등장하는 복주머니는 작업실에 두었던 과자 봉지에서 착안한 거예요. 과자를 물고 가는 개미를 상상하면서, 장신구를 가져가는 개미요정을 그린 거죠."

작가가 만들어낸 개미요정들은 순수함을 잃어버린 사람들에게 상상력을 되찾아주는 고마운 존재다. 하지만 신선미의 그림 속 여

인들은 대부분 깊은 잠에 빠져 있어 개미요정의 활약을 보지 못한다. 그래서 줄어든 주스를 보고 의아해하거나 사라진 물건을 찾아 온 집 안을 뒤질 때도 그것이 개미요정의 소행일 수 있을 거라고는 상상하지 못한다. 심지어 깨어 있을 때도 사람들이 개미요정을 보지 못하는 건, 그들이 이미 상상의 세계로 가는 문을 닫아버린 어른이기 때문이다.

한데 어른의 눈에 보이지 않는 개미요정도 고양이의 날카로운 눈은 피할 수 없다. 고양이는 인간에게 없는 육감을 동원해 개미요정을 찾아내기 때문이다. 아무도 자신을 못 볼 거라 생각하며 유유자적 돌아다니다가, 자신을 노리는 고양이와 딱 마주친 개미요정은 혼비백산 달아난다. 인간과 고양이가 실랑이하는 장면도 익살스럽지만, 고양이가 개미요정을 쫓는 장면 역시 그림 속 그림을 보는 또 다른 재미다.

이 세상 어딘가에 개미요정이 정말 있을지도 모른다는 심증이 굳는 건, 고양이가 가끔 벽 구석이나 침대 밑 으슥한 곳을 빤히 볼 때다. 아무것도 보이지 않는 곳을 인내심 있게 바라보는 고양이의 눈길이 집요하다. 그러다 갑자기 거실 끝에서 끝까지 내달리곤 하는데, 신선미의 그림을 보노라면 고양이의 느닷없는 '우다다 질주'도 개미요정 때문은 아닐까 의심스러워진다. 고양이의 이해할 수 없는 질주 본능을 그만큼 절묘하게 담아낸 것이다.

여인은 천방지축 날뛰는 고양이를 길들이려 하지만, 그리 만만한 일이 아니다. 고양이는 벌써 여인의 머리 꼭대기에 올라앉았기 때문이다. 숨은 고양

앙큼한 고양이와 개미요정의 한판 승부
화   가   신   선   미

「복수혈전」, 장지에 채색, 59×53cm, 2006

「진퇴양난」, 장지에 채색, 30×130cm, 2007

이를 찾아 고가구 밑을 뒤지는 여인에게 '베개 폭탄'을 투하하고 모른 척하는 고양이의 능청스러움이라니! 매번 당하기만 하는 여인은 체통도 포기하고 살살 약 올리는 고양이와 실랑이를 벌인다. 단아한 한복에 꽁꽁 숨긴 여인의 본성이 고스란히 드러나, 마치 김득신의 풍속화「야묘도추野猫盜雛」처럼 골계미가 넘친다.

"고양이가 사람을 경계하는 몸짓 있잖아요. 몸을 바짝 세운다고 그러나? 앙칼진 그 모습이 왜 그리 귀여운지 모르겠어요. 온순한 고양이보다는 튕기는 듯한 모습이 마음에 들어요. 얌체 같고 때론 요염한 눈빛으로 '오늘은 또 무슨 사고를 칠까?' 하며 두리번거리는 모습이 고양이의 매력이죠."

예측불허인 고양이를 모델로 삼다 보니 잊지 못할 소동도 잦았다. 대학교 2학년 때 작업실에 길고양이를 데려다 키우며 모델 삼아 그림을 그렸는데, 귀여운 건 그냥 못 넘기는 작가는 고양이와 놀다 곰팡이성 피부병이 옮기도 했다. 하필이면 고양이와 똑같은 자리에 피부병이 생겨 놀림도 받았단다.

고양이가 먹물 묻은 발로 사방에 발 도장을 찍으며 달아나는「천적」이란 그림도 경험에서 나온 것이다. 친구들과 함께 고양이 그림을 완성한 뒤에 바닥에 말려놓고 잠시 자리를 비웠는데, 그 사이 작업실에서 키우던 고양이가 그림마다 발 도장을 꾹꾹 찍어버린 것이다. 과제 제출 시간은 얼마 남지 않았는데, 다 끝냈다고 생각한 작업이 엉망이 되어버린 아찔한 순간이었다. 게다가 다른 친구들 그림은 그나마 괜찮았지만 유독 신선미의 그림에는 먹물까

「천적」, 장지에 채색, 146×112cm, 2005(오른쪽 페이지)

지 엎은 게 아닌가. 친구들은 교수님께 사정을 말씀드리고 점수를 받았지만, 그는 처음부터 다시 그림을 그려야 했다. 하지만 돌이켜 보면, 고양이 때문에 그림을 망쳤던 기억도 지금은 재미있는 추억으로 남았다.

"고양이가 좋아서 많이 귀찮게 굴었는데, 고양이 입장에서는 그게 싫었나 봐요. 저만 보면 등을 세우면서 경계하더라고요. 생각해보면 고양이랑 싸우기도 많이 싸웠네요. 저를 할퀴고 도망가면 '잡히기만 해봐라' 하고 쫓아다니다 오히려 고양이에게 골탕 먹은 적도 많았어요. 그래도 정이 들었는지, 그때 달아났던 고양이는 잘 지낼까 궁금하고, 가끔 생각나요."

그림 속 고양이의 생생한 표정과 몸짓을 보면 지금도 여러 마리 고양이와 함께 살 것 같은데, 정식으로 고양이를 키운 적은 없단다. 다만 결혼하기 전에 살던 본가 앞 창고가 길고양이 아지트여서 종종 밥도 챙겨주며 고양이의 생태나 모습을 관찰하곤 했다. 집고양이를 그린 그림인데도, 표정이나 몸짓에 길고양이의 자유분방함과 거침없는 매력이 담긴 것은 그 때문인지도 모른다.

한복 입은 여인이 등장하고 섬세한 문양 묘사가 도드라지는 화풍 때문에 초기에는 '달력 그림 같다'는 이야기도 들었지만, 신선미는 그림에 독특한 이야기 구조를 담아 생명력을 불어넣었다. 액자소설처럼 이 그림과 저 그림이 순환 관계를 맺으며 이야기가 이어지는 '그림 속 그림 이야기' 시리즈, 환상과 현실을 절묘하게 결합한 '개미요정 이야기' 시리즈가 대표적인 사례다.

앙큼한 고양이와 개미요정의 한판 승부
화 가 신 선 미

 또한 예스럽게 보이는 그림이지만, 그 속에 휴대폰이나 주스 컵 등 현대적인 소품을 살짝 그려 넣어 소소한 파격을 부여했다. 옛 그림에 등장하는 소품들이 현대인의 시각에서는 전통적인 물건으로 보이지만 당대에는 유행하는 물건이었던 것처럼, 동양화일지라도 시대의 변화를 반영하고자 한 것이다. 앞으로도 지나치지 않은 선에서 재미와 의미가 담긴 소품들을 숨은그림찾기처럼 그려 넣어볼 생각이다.

"저는 그림일기처럼 제 경험을 담은 그림을 그려요. 이해하기 어려운 그림이 다 좋은 그림은 아니라고 생각해요. 임신했을 때는 태교를 위한 그림도 그렸으니까, 나이를 먹는다면 노인이 된 제 모습도 등장할 거 같아요. 어렸을 때 엉뚱한 상상을 했던 제가 그림 속 댕기머리 소녀가 되어 개미요정을 본 것처럼, 할머니가 개미요정의 존재를 느끼는 모습을 그린 건 그런 이유에서예요. 사람들이 치매라 부르는 현상도, 실은 아이처럼 순수한 마음으로 돌아간 게 아닐까요?"

그러고 보니, 그의 작품에서 순수함을 잃지 않아 개미요정을 볼 수 있는 사람은 어린아이뿐인 걸로 알고 있었는데, 벽에 붙은 밑그림을 보니 할머니가 개미요정과 함께 놀고 있는 모습도 눈에 띈다. 나이를 먹을수록 아이가 되고, 몸집도 점점 쪼그라들듯 작아지면서 아이의 마음으로 돌아가는 할머니. 그 모습은 우리네 어머니의 모습이기도 하고, 작가가 언젠가 밟게 될 노화의 과정이기도 하다. 예쁘고 귀엽다는 이유로 아이와 아름다운 여인, 고양이만 담는 것이 아니라, 나이 먹어 주름진 얼굴에 노화와 함께 변화하는 인간의 삶까지 담아낸 그의 눈이 참 따뜻하다. 신선미의 그림이 개미요정과 여인의 실랑이에 머물지 않고, 좀 더 넓은 범위로 확장되리라는 기대감이 드는 대목이다.

그의 그림이 작가 자신의 삶을 반영한 그림이라는 것은 그의 작업실 방문에 붙은 포스터에서도 엿보인다. 그림 속 방바닥에 누운 아기는 천장을 보며 방긋 웃고 있다. 그림 속 엄마는 자기 손에 쥔 딸랑이 인형을 보고 아기가 웃는다고 생각하지만, 사실 아기는 모빌에 매달린 개미요정들을 보며 웃는 것이다.

작가는 정밀한 그림을 완성하기 위해 밑그림을 먼저 트레이싱페이퍼에 그린다. 처음에는 노루지에 그렸지만, 지우개질 몇 번에도 쉽게 찢어지는 바람에 강도가 높은 트레이싱페이퍼로 바꿨다고 한다. 종이 자체가 반투명이라서 위치 확인도 쉽고, 종이 뒷면에 연필을 눕혀 곱게 칠하면 먹지 효과도 낼

「우리들의 비밀 1」, 장지에 채색, 77×109cm, 2009(오른쪽 페이지 위)
「우리들의 비밀 2」, 장지에 채색, 77×109cm, 2009(오른쪽 페이지 아래)

수 있어 편리하다. 그가 쓰는 작업대는 건축가용 제도판인데, 높낮이와 기울기를 조절할 수 있어서 유용하단다. 그림 그리는 며느리를 마음으로 응원하는 시부모님의 선물이다.

스케치가 끝나면 밑그림을 그릴 장지에 아교반수를 한다. 아교 15그램과 백반 5그램, 물 1리터를 녹여 반수액을 만들고, 일곱 번 이상 곱게 바른다. 반수액이 마르면, 완성된 밑그림을 황토 장지 위에 덮어 볼펜으로 꾹꾹 눌러가며 그대로 옮겨 그린다.

"황토 장지는 일반 장지를 황톳물로 염색한 거예요. 저는 배경 그림을 일부러 그리지 않는데, 이 종이는 고풍스럽고 다른 색과도 잘 어울리거든요. 하얗게 표백된 일반 장지는 펄프가 많이 섞여서 색을 칠하면 약간 겉도는 느낌이 들지만, 황토 장지는 색이 담백하게 스며들고 질감도 좋아서 즐겨 써요."

밑그림이 다 옮겨지면 먹선으로 다시 선명하게 그린 다음 담묵으로 양감 표현을 하고, 마지막으로 채색을 반복하여 완성하는데, 이 중 가장 공을 들이는 과정은 채색이다. 물감을 덕지덕지 바르면 원하는 느낌이 나지 않기에, 비단에 색을 올리듯 분채를 얇게 수십 번 쌓아 올리기를 거듭한다. 마르지 않은 상태로 다시 색을 올리면 종이가 벗겨지고 색도 탁해지므로,

앙큼한 고양이와 개미요정의 한판 승부
화　가　신　선　미

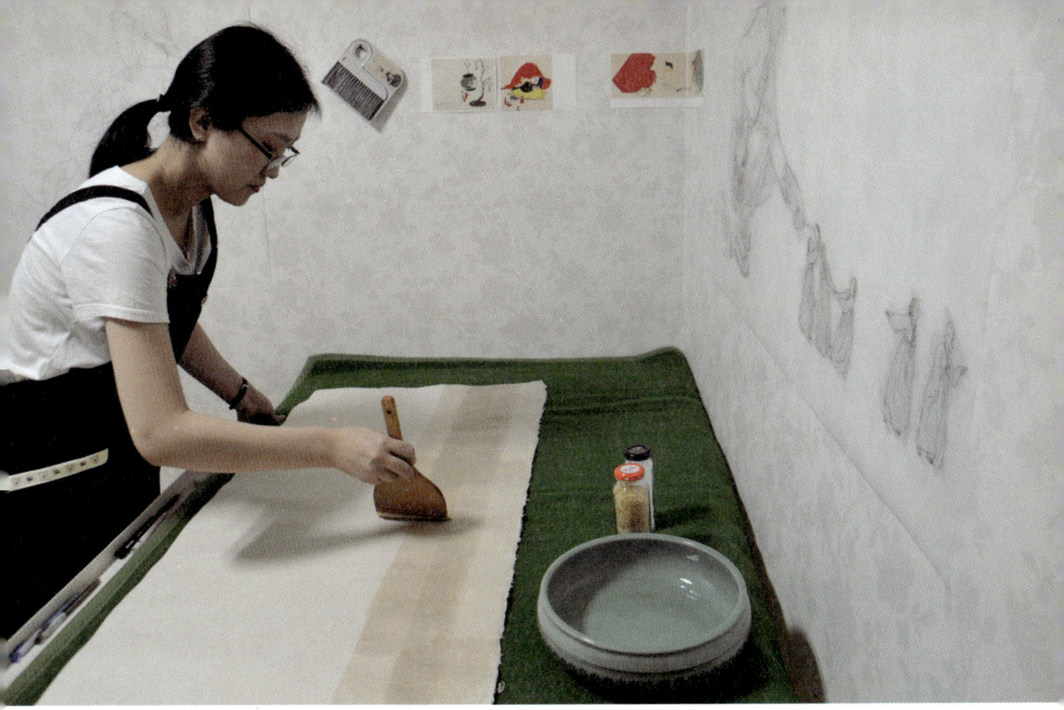

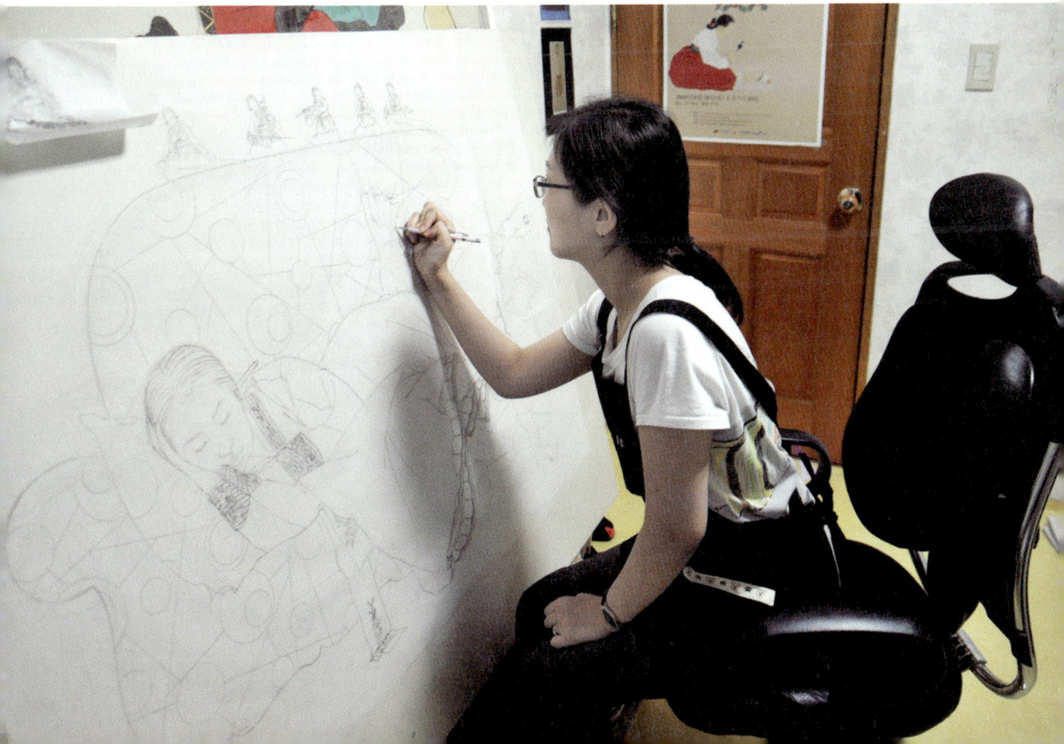

충분히 말리고 덧칠해 선명함을 유지하면서 장지 특유의 질감도 살려낸다.

물감은 원료를 곱게 갈아 가루로 만든 다음, 아교에 녹여 손가락으로 정성껏 개어 만든다. 가루를 개는 작업을 소홀히 하면 나중에 알갱이가 들떠 색이 밀리고 묻어나기 때문에, 시간이 걸려도 꼼꼼히 한다. 물감을 갤 때 손톱이 물드는 것을 막기 위해 늘 손가락 골무를 마련해둔다. 채색할 때는 대여섯 가지 색만 만들어놓고, 특정 구역의 채색이 완성되면 다음 구역의 색을 만들어 쓰는 방식으로 단계별 채색을 한다. 물감이 쉽게 말라버리기 때문에 낭비를 막기 위해서다. 그의 그림에 투명하게 배어든 색감에는 그렇게 긴 시간과 노력이 배어 있다.

고양이와 개미요정이 벌이는 익살스런 장면에 더해, 임신과 육아를 경험하며 자연스레 묻어나는 삶의 연륜을 그림에 반영해온 작가의 다음 작품을 기대하게 된다.

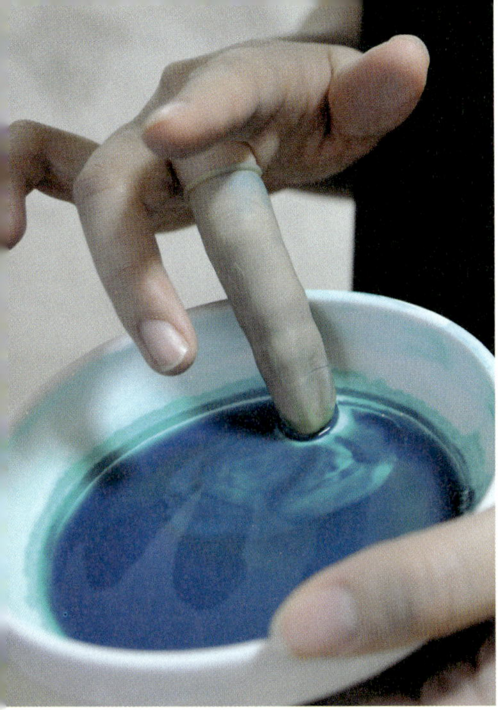
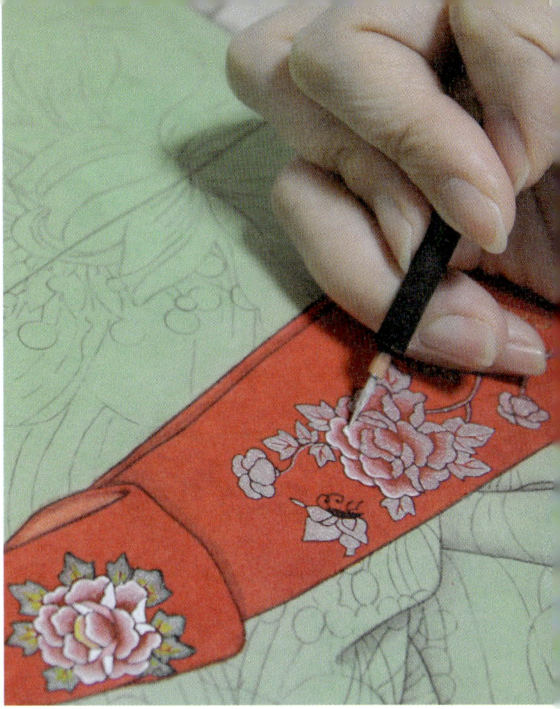
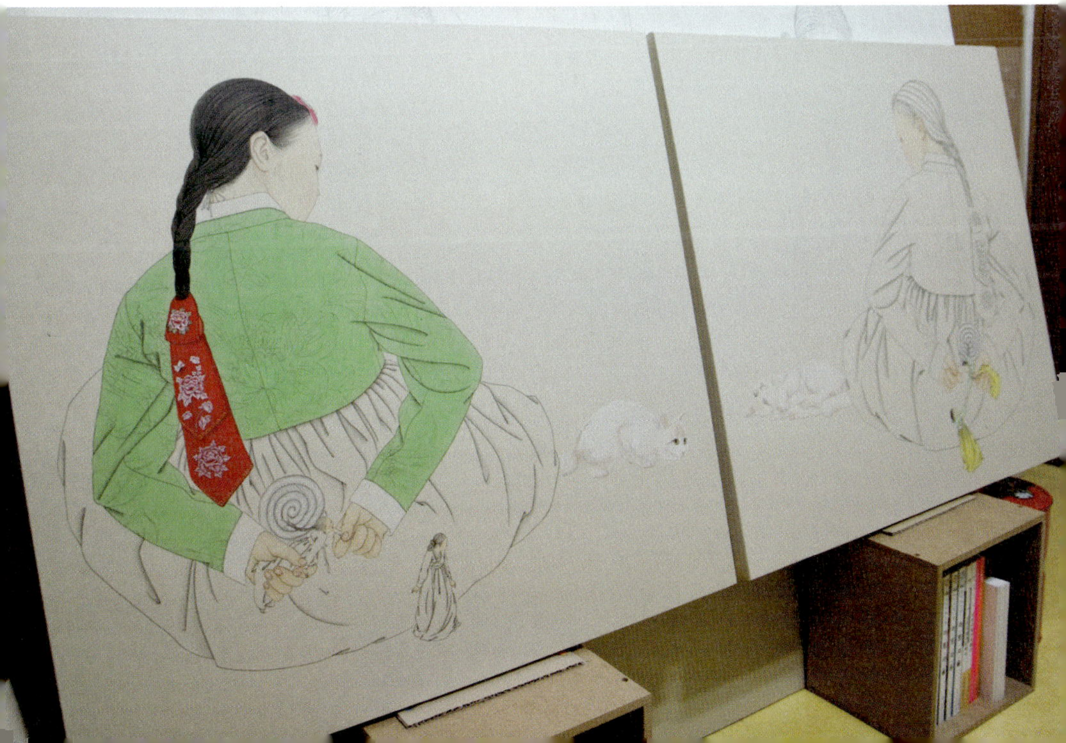

소외된 동물들을 향한 인사, 굿모닝!

설치미술가 김경화

소심한 길고양이와 눈을 맞출 기회란 드물다. 한밤중에 짝을 찾아 헤매는 고양이 울음소리를 듣거나, 옆구리가 터진 채 널브러진 쓰레기봉투를 목격하고서야 그들이 가까이 있음을 알 뿐이다. 이 도시에는 얼마나 많은 길고양이가 살고 있을까? 인간을 피해 숨던 길고양이들이 일제히 거리로 나선다면 어떤 모습일까? 내가 상상으로만 그려보았던 순간을, 김경화는 스펙터클한 설치작업으로 구현해낸다.

전시장 바닥에 머무는 것만으론 성이 차지 않는지 계단, 담벼락, 심지어 뒤뜰까지 차지한 길고양이와 비둘기의 기세는 압도적이다. 혹시 발로 건드릴까 싶어 조심조심 아래를 살피며 걷다 보면, 조각 사이로 지뢰처럼 촘촘히 심어둔 작가의 의중이 밟힌다. 무심코 지나치던 거리의 동물들과 가까이 마주할 때, 내가 발 딛고 선 땅에 인간만 살고 있는 것이 아님을 깨닫게 되는 것—이는 작가가 수많은 길고양이와 비둘기를 우리 곁으로 불러내면서 의도했던 효과이기도 하다.

김경화는 천덕꾸러기로 전락한 도시 길고양이와 비둘기의 상징성에 주목한다. 누구 하나 챙겨주는 사람 없는 동물들은, 가장 고단한 삶을 살아가는 인간보다도 언제나 한 차원 더 열악한 환경으로 내몰리기 일쑤다. 그러므로 도시에서 가장 소외된 대상을 찾아

소외된 동물들을 향한 인사, 굿모닝!
설 치 미 술 가   김 경 화

헤매던 작가의 시선이, 인간을 넘어 길고양이와 비둘기에게로 향한 것은 자연스러운 수순인지도 모른다.

김경화는 부산 원도심 창작공간 '또따또가'의 1기 입주 작가로 있다. 여러 작가와 한 건물을 쓰지만, 2층 창가에 놓인 길고양이와 비둘기 덕분에 그의 작업 공간이 어딘지 한눈에 알 수 있다. '또따또가'는 부산문화예술교육연합회가 제안하고 부산시에서 3억 원을 지원해 2010년 3월 문을 열었다. 2010년 현재 동광동 인쇄골목과 중앙동 40계단 일대의 빈 상가 18곳을 임대한 창작공간에서 360여 명이 활동하고 있다. 관용을 뜻하는 프랑스어 똘레랑스Tolerance의 첫소리 '또To'에 '따로 또 같이'라는 말에서 따온 '따또', 거

리를 뜻하는 한자 '가街'에서 따온 단어를 조합한 공간 이름이 독특하다. 사람들이 떠난 공간에 예술가들을 불러들임으로써 원도심의 문화적 자생력을 부활시키고자 기획된 공간인 만큼, 버려진 것에 눈길을 주고 생명을 불어넣는 김경화의 작업실로 잘 어울린다 싶다.

  빈 몰드와 길고양이 조각이 빼곡하게 들어차 있지 않을까 상상했던 작업실 내부는 의외로 잘 정돈되어 있다. 완성작을 모두 작업실에 두기가 어려워 따로 보관한다고 한다. 길고양이 조각의 경우 먼저 흙으로 원형을 만들고 실리콘 몰드에 시멘트를 부어 3~4일 후 완전히 굳으면 빼내는데, 비둘기는 좀 더 제작 과정이 복잡하다. 부서진 건물 잔해에서 나온 폐콘크리트 조각을 몰

소외된 동물들을 향한 인사, 굿모닝!
설 치 미 술 가   김 경 화

드에 넣고, 일반 시멘트보다 빨리 굳는 초속경 시멘트를 부어 완성한다.

흔히 창작의 고통을 산고에 비유하는데, 시멘트와 폐콘크리트로 만든 그의 작품은 무게 때문에 실제로도 그만큼 제작이 고되고 체력 소모도 크다. 특히 시멘트를 통째로 굳혀 만든 길고양이는 한 마리씩 몰드에서 빼낼 때마다 무게 때문에 어깨와 허리에 적잖이 무리가 간다. 그래서 최근에는 체력적인 부담이 조금 덜한 부조 작업을 시작했다. 유토로 원형을 만든 다음 실리콘으로 형을 떠내 두께 1센티미터 정도의 시멘트 부조를 만들고, 자개로 장식하는 작업이다. 파손을 방지하기 위해 일반 시멘트보다 4배 정도 강한 '그라우트'라는 특수 시멘트를 쓴다.

〈굿모닝〉전, 부산 대안공간 반디 설치 전경, 2008

"원래 이런 자개 오브제도 따로 팔지 않는다는데, 같은 작업하는 사람이라 동료애를 느끼셨는지 특별히 파시더라고요. 지금 있는 원도심 골목골목을 쭉 따라 걷다 보면 재밌어요. 자개를 섞어서 그 골목길 모습을 만들어보고 싶어요."

한번 전시를 열 때마다 적게는 수십 마리, 많게는 수백 마리의 동물 조각을 선보이지만, 애써 만든 작품을 다 판매할 수 있는 것은 아니다. 설치작업을 하는 이들이 감수해야 할 현실적인 어려움이다. 그래도 더 극적인 효과를 낼 수만 있다면, 지금보다 더 많은 길고양이와 비둘기를 선보이고 싶다. 2008년 대안공간 반디에서 열린 개인전에서는 무려 길고양이 100마리와 비둘기 200마리를 전시장 뒤뜰에 설치했다. 김경화의 조각은 좌대에 올라 있을 때보다 바닥에 놓일 때, 전시장 안에 있을 때보다 거리로 우르르 몰려나왔을 때 더 생생한 생명력을 얻는다.

"그때 전시장 안에서는 다른 전시 중이었고 저는 밖에서 전시했는데, 옥상으로 올라가서 주변을 보면 사방에 단층 주택들이 쫙 펼쳐지거든요. 원래 그 집들마다 옥상에 작품을 설치하고 싶었지만 못 했죠. 결국 전시장 뒤뜰에 양해를 구하고 설치했어요. 지금은 사람이 도시를 점령했지만, 원래는 동물들이 먼저 여기 살고 있었잖아요. 숨어서 안 보이는 것뿐이지. 만약 그들이 다 세상 밖으로 나온다면 정말 많을 것 같아요. 그런 존재감을 전할 수 있게 최대한 많이 만들고 싶어요."

모든 것이 바삐 돌아가는 세상에서 사람들은 보고 싶은 것만 볼 뿐, 보고 싶지 않은 것은 외면해버린다. 보이지 않는 건 존재하지 않는 것이나 다름 없고, 존재하지 않는 문제에 대해 애써 고민할 필요는 없으니까. 그러나 김 경화는 투명인간 취급을 받는 길고양이와 비둘기를 사람들 앞에 당당히 내세우고, 그들의 목소리에 귀 기울이게끔 한다. 웅성웅성 모여든 동물들을 보며 "어, 쟤들이 왜 저기 있지? 무슨 말을 하고 싶은 거지?" 하고 궁금증을 갖게 만드는 일, 무심코 지나치던 일에 질문하게 만드는 힘이야말로 세상을 바꾸는 원동력이므로.

김경화가 처음부터 길고양이와 비둘기 설치작업을 했던 것은 아니다. 초

창기 그가 즐겨 만든 작품은 딱딱한 조각에 대한 고정관념을 깨는 부드러운 헝겊 오브제였다. 작업실 소파 위 벽면에 둥그렇게 원을 그리며 붙어 있는 작품이 그 무렵 만든 것이다. 당시에는 화려한 한복 천으로 각종 공구 모양을 만든 봉제 작품이나, 앉으면 음악이 흘러나오는 망치 의자처럼 유희적인 작업을 즐겨 했다. 예술의 엄숙주의가 부담스러웠던 까닭이다. 연극 무대에 무대미술로 참여하기도 했다. 한데 유희성과 체험성이 강조된 작품을 주로 하다 보니, 어느 순간 어린이 체험전시의 단골 초대작가가 된 자신을 발견하게 됐다.

"천 재료로 오래 작업하면서 자꾸 비슷한 틀에 매이게 되는 걸 느꼈어요. 이제 그만 이런 재료에서 벗어나야 되겠다는 생각도 들고……. 결국 다 내려놓고 서울로 갔지요."

처음부터 다시 시작하자는 마음으로 서울대학교 대학원 조소과에서 공부를 시작한 게 2004년이었다. 하지만 대도시 서울은 홀로 부산에서 올라온 작가에겐 냉담한 도시였다. 며칠 동안 사람들과 말 한마디 할 겨를 없이 보낸 날도 있었고, 4.5평짜리 원룸에서 지내다 보니 갑갑증에 시달리기도 했다. 바삐 돌아가는 세상의 속도에 자신만 따라가지 못하는가 싶어 무력감이 들 때면, 작업도 다 포기하고 그만 부산으로 돌아가야 하나 싶었다. 밤이 되면 착잡한 마음을 달래려고 산책을 나서는 게 유일한 숨구멍이었다. 그때마다 눈에 밟혔던 동물이 길고양이었다.

"낮에는 못 보던 고양이가 밤이 되면 보이는 거에요. 안쓰러워서 부르면 도망가고……. 그런 모습을 보면서 길고양이와 나를 자연스럽게 동일시했던 것 같아요. 도시라는 곳은 왜 이렇게 사람들을 힘들게 만들까, 하는 생각을 늘 했거든요."

길고양이와 더불어 도시의 불청객으로 취급받는 비둘기도 작가에겐 연민의 대상이었다. 2004년 무렵, 용두산 공원의 비둘기를 영상에 담고 있던 작가의 귀에 '퍽' 소리가 들렸다. 관광버스를 미처 피하지 못하고 치여 죽은 비둘기가 보였지만, 그 죽음을 애도하는 사람은 없었다. 오히려 몹쓸 것을 보았다는 듯 외면하며 지나가는 이가 대부분이었다. 그런 일을 겪으며, 김경화는 아무도 관심 갖지 않는 길고양이와 비둘기의 고단한 삶에 자신도 모르게 감정이입이 되었던 듯하다. 누구나 마음이 고단할 때 맺은 인연은 쉽게 잊

기 힘들다. 그 대상이 동물이라고 해도 마찬가지다. 작가 역시 그렇게 길고양이와 비둘기를 응원하고 싶은 마음이 들었을 것이다. 고달픈 삶도 개의치 않고 의연하게 살아가는 거리의 동물들을 응원했던 건, 어쩌면 작가 자신을 위로하는 일이었는지도 모른다.

 핑크빛 실리콘 몰드에서 뽑혀 나온 시멘트 길고양이의 몸에는 가느다란 봉합선 같은 흔적이 남아 있다. 그 선이 몰드 자국이란 건 알고 있지만, 한편으로는 어떤 상징적인 흉터 같은 느낌도 든다. 매끈하게 만들자면 그 선을 갈아 없애면 그만일 텐데, 굳이 그대로 둔 이유가 궁금했다.

"시멘트를 굳혀 보면 표면이 거칠게도 나왔다가, 어떤 때는 되게 매끈하게도 나오고 예측할 수가 없어요. 그런 흔적을 의도적으로 드러내려 한 건 아니지만, 만드는 과정에서 생긴 것이라면 자연스럽게 놔두는 게 낫다는 생각이 들었어요. 길고양이의 상처 많은 모습도 있는 그대로 보여주고 싶었으니까요."

 김경화가 길고양이와 비둘기를 만드는 재료로 시멘트를 선택한 것은, 삭막한 도시의 성격을 드러내는 데 가장 적합한 물성物性을 지녔기 때문이다. 시멘트는 값싸고, 구하기 쉽고, 쉽게 성형이 가능하지만 쉽게 부서진다. 또한 흙바닥보다 시멘트 바닥을 만날 확률이 더 높은 도시와 가장 흡사한 얼굴을 하고 있기도 하다. 그러니 시멘트 길고양이와 비둘기는 도시와 한 몸 같은 존재들이다.

 작가는 자신이 만든 시멘트 고양이가 예쁘장하고 사랑스러운 모습을 하기

소외된 동물들을 향한 인사, 굿모닝!

보다는, 정말 거리에서 마주친 길고양이처럼 오랜 시간을 견디며 세월의 때가 묻은 모습이길 바랐다. 그래서 고양이 몸통을 시멘트로 떠낸 다음, 채색도 코팅도 하지 않은 채 몇 달이고 학교 옥상에 방치해 두었다. 비바람 맞히고 햇볕 쬐이며 길고양이의 몸에 불어넣고 싶었던 건 시간이었다. 거리 동물들의 풍진 삶을 작품 표면에서도 느낄 수 있도록 얼룩 하나, 금 하나에도 그들이 견뎌온 시간을 담고 싶었다. 그러나 속성 건축자재인 시멘트로는 아무리 오래 비바람을 맞히고 햇빛에 노출시켜도 새것에서 느껴지는 '쌩한 느낌'이 났다.

"어떻게 할까 하다가, 재개발 지역의 허물어진 건물에서 나온 폐콘크리트를 주워 넣기 시작했어요. 버려진 콘크리트에는 그 건물이 견뎌온 몇 십 년이란 시간이 들어 있잖아요. 제가 인위적으로 조각에 담으려 했던 몇 개월 혹은 1년, 이런 시간과는 비교도 안 될 만큼 긴 시간이죠. 그걸 넣어 만들면 자연스럽게 시간이란 요소가 들어갈 거라 생각했어요."

　마스크와 모자를 눌러 쓰고, 리어카를 끌고 공사장을 다니면서 버려진 콘크리트 조각을 모았다. 낡은 건물을 부수고 새로 짓는 공사가 끊임없이 이어지는 관악구에는 그가 찾던 시간의 조각들이 사방에 널려 있었다. 대학원 과정을 마치고 부산으로 돌아와 작업하게 된 후에는 집 근처 연지동 재개발 지역에서 콘크리트 조각을 주워 담았다. 덕분에 시멘트만으로는 표현할 수 없었던 시간의 의미를 담을 수 있게 된 것 같아 만족스럽다. 낡고 오래된 것을 시대에 뒤쳐졌다며 모두 부수고 없애버리는 대신 그 안에서 어떤 의미를 찾아내는 일. 쇠락해가는 원도심 지역에 자리 잡은 작업실에서 그가 앞으로 해나갈 작업도 그런 작업의 연장선상에서 이어질 것이다.

　작가가 콘크리트 조각으로 가득한 비둘기의 몸통을 보여준다. 김경화의 작품 속에서 낡고 오래된 건물의 파편은 더 이상 폐자재가 아니다. 조각 하나하나마다 생명을 불어넣어줄, 돌로 만든 심장이다. 재개발로 부서지기 전에 그 건물에 살았던 사람들의 추억 한 조각, 오래된 기억이 그 심장 속에 잠들

소외된 동물들을 향한 인사, 굿모닝!
설치미술가 김경화

어 있다. 작가가 시멘트 동물들에게 불어넣길 바랐던 시간이, 몰드 안으로 흘러들어가는 시멘트와 함께 스며든다. 햇빛과 얼음, 바람과 시간이 만들어낸 얼룩이 딱딱하게 굳은 시멘트 살갗 위로 켜켜이 내려앉는다. 그렇게 만들어진 얼룩은 더러움이 아니다. 살아가는 동안 누구에게나 묻어날 수밖에 없는 삶의 기쁨과 슬픔이다. 그렇게 긴 시간을 견뎌낸 길고양이와 비둘기가 무리 지어 선 사이로 걸어보는 일은, 기이하면서도 강렬한 체험이다.

오늘이 지나면 내일이 오는 건 당연하지만, 미래를 기약할 수 없는 길고양이와 비둘기에겐 내일이 '영영 오지 않는 시간'이 될 수도 있다. 인간이 매일 아침 무심코 던지는 "굿모닝!"이란 인사가 거리의 동물들에겐 절박한 생존 확인이다. 그래서 김경화는 거리의 동물들이 무사히 내일을 맞이할 수 있도

록 염원 섞인 인사를 건넨다. 동물의 얼굴을 하고 있지만, 또한 자신의 자소상이기도 한 그들을 향해서.

굿모닝! 부디, 매일 아침 당신들이 안녕하기를.

낯선 세계로 비상을 꿈꾸는 봄 고양이

화가 안미선

그리운 듯 창밖을 바라보는 고양이의 옆모습을 보고 있으면, 실내에서만 지내는 집고양이의 삶이 심심하진 않은지 궁금해진다. 무심한 얼굴로 하늘을 보며, 고양이는 무얼 생각할까?

화가 안미선은 유리구슬처럼 맑은 고양이의 동공 속에서, 어딘가로 비상을 꿈꾸는 이의 눈빛을 본다. 겁이 많아 집 밖 출입은 엄두도 못 낸 자신의 고양이가 안타까웠던 작가는, 꽃으로 가득한 이상향을 그린 다음 고양이를 그림 속으로 들여보냈다. 고양이의 여유로운 모습과 호기심 어린 표정이 세밀화에 생생하게 담겨, 금세 기지개를 켜며 그림 밖으로 뛰쳐나올 듯 생생하다. 곱게 자수를 놓은 얇고 투명한 비단이 그 위로 겹쳐지면, 커튼 뒤로 살짝 비친 고양이의 모습을 그린 듯 은은한 그림이 완성된다.

안미선은 가족과 함께 살고 있는 아파트의 작은 방 한 칸을 작업실로 쓴다. 작업은 주로 부모님과 아이가 잠드는 오후 9시 이후에 한다. 작품 하나하나가 그리 크지 않아서 이젤에 놓고 그려도 무리가 없지만, 좀 큰 작업은 식탁에 눕혀놓고 그리거나 밤에 가족들이 모두 잠들어 자유롭게 공간을 이용할 수 있는 시간에 그린다. 작업실을 따로 내는 것보다, 시간 날 때마다 짬짬이 사용할 수 있는 집이 그에게는 편하다. 10년 넘게 고양이 그림만 그린 덕에 '고양이 화가'라는 별명까지 얻은 그에게, 고양이와의 인연이 시작된 계기를 물었다.

"어렸을 때 다세대주택에 살았는데, 그 밑에 쌀집부터 시작해서 가게들이 쭉 있었어요. 쌀집에 가면 가게 옆에 쪽방이 있었는데, 아랫목에 깔린 빨간 담요를 걷어 올리면 그 속에 주인집 공깃밥이랑, 고양이 한 마리가 똬리를 틀고 있었어요. 사람 손을 많이 탄 고양이라 무척 순했는데, 심심하면 쌀집에 놀러가서 담요 안에 숨어 있던 고양이를 품고 놀았던 기억이 나요."

오빠와는 10년 터울이 져서 집에서도 외로웠고, 어렸을 때부터 혼자 노는

데 익숙했던 그에게 고양이는 마음의 안정을 주는 친구였다. 사춘기 시절, 학원을 빼먹고 쌀집 쪽방 아랫목에 누워 고양이에게 볼을 비비고 갸릉거리는 소리를 들으며 낮잠을 자던 기억이 아직도 생생하다. 늘 마음속으로만 고양이를 그리던 그에게도 어느 날 고양이를 입양할 계기가 찾아왔다.

"그때가 1997년이었는데, 가게에서 고양이가 새끼를 낳았다고 하더라고요. 제가 얼룩무늬 고양이를 좋아하는데, 오밀조밀 모여 있는 새끼들 중에서 얼룩무늬 검은 고양이를 본 순간 '아, 애는 내 인연이다' 싶었어요. 집에서는 동물을 키우는 걸 반대했기 때문에 친구들과 같이 쓰는 작업실에서 완두를 길렀어요. 그때만 해도 고양

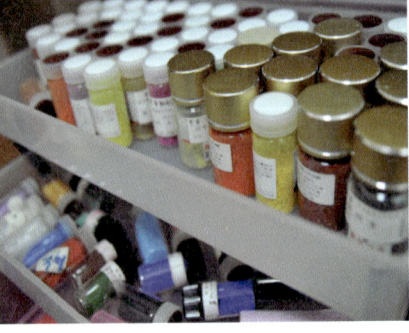

이에 대해서 아무것도 몰랐죠. 완두가 1년 반 만에 시름시름 앓다 죽었을 땐, 제가 너무 고양이를 몰라서 그랬나 싶어 자책했어요. 다시는 기르지 말자 결심하기도 했고요."

안미선의 부모님은 자식이 그림을 그리는 것을 반대하지는 않았지만 금전적인 지원을 해주지도 않았다. 작업을 여유롭게 할 형편이 아니었기에, 작업실이며 재료며 모든 것을 혼자 감당하며 고단하게 지내던 시절이었다. 그렇게 어려운 시기를 함께 보낸 완두를 잃은 죄책감 때문에 다시 고양이를 기를 엄두가 나지 않았지만, 고양이를 모델로 삼아 그림을 계속 그리고 싶었다. 그래서 한때는 그림에 등장시킬 고양이 모델을 빌려 오기도 했다.

"처음 빌려온 고양이가 품종 고양이였어요. 그런데 하루 종일 자기만 하고, 너무 순한 거예요. 잠자는 모습밖에 그릴 수가 없어서 '이건 아닌데' 싶어 돌려보내고, 모델 고양이를 찾다가 인연을 맺은 게 완두예요."

첫 고양이의 이름을 따서 똑같이 완두라 부른 그 고양이는, 1대 완두와 달리 접종 시기도 일일이 챙기고 중성화 수술까지 완료했다. 그렇게 한 가족이 된 완두는 그의 집에서 9년을 함께 살았다.

안미선은 완두를 처음부터 온전히 사랑하진 못했다고 했다. 어렸을 적에 간직한 고양이의 따스한 추억과 달리, 현실에서 함께 살게 되자 고양이가 그렇게 만만한 존재가 아니라는 걸 깨달은 것이다. 2대 완두는, 작업실에서 키우던 1대 완두와는 성격이 판이하게 달랐다. 완두가 집 안에 온통 휴지를 뜯

「Flying」, 실크에 혼합재료, 95×146cm, 2010

어놓는 저지레를 하면, 안미선은 속상한 마음에 완두를 막 혼내곤 했다. 그런데 어느 고양이가 가만히 혼나고만 있겠는가. 항의의 표시로 집 여기저기에 똥오줌 폭탄을 투하하고 도망가기 일쑤니, 완두를 보면 더 화가 날 수밖에. 완두는 예민하고 까다로운 고양이였다. 어쩌면 그런 완두의 모습이 작가 자신의 모습과 닮았기에 더욱 티격태격 부딪쳤는지도 모른다.

"실제로 고양이를 키우다 보면 함께 사는 사람의 성향을 많이 닮아가요. 순간순간 보이는 그런 모습들에 웃음 지을 때도 많고요. 하지만 처음에는 고양이의 모든 면을 100퍼센트 받아들일 준비가 되지 않았던 거 같아요. 제가 너무 이기적이었던 거죠. 동물을 기른다는 게 쉬운 일이라 생각했는데, 실은 희생이 필요한 일이더라고요. 동물을 섣불리 키울 것이 아니구나 싶었어요. 사실 아이를 키우는 거나 마찬가지죠. 아이도 예쁠 땐 예쁘지만, 때론 얄밉고 귀찮기도 하잖아요. 누군가를 위해 희생하고 배려하는 마음이 없었던 저였는데, 완두를 키우면서 그런 걸 많이 배웠어요."

안미선은 늘 독단적이던 성격이 결혼을 하고 가족을 이루면서 조금씩 바뀌어갔다고 한다. 그전까지는 모든 것이 자신 위주로 돌아간다고 믿었고, 사람을 만나는 것도 그리 좋아하지 않던 그였다. 그러나 결혼하면서 가족이 된 남편, 그리고 티격태격하면서 함께 살아가게 된 완두의 존재가 변화에 한몫을 했다. 그 대상이 인간이든 동물이든 간에, 완전한 타인과 새로운 가족을 이룬다는 것은 삶의 큰 전환점이 된다. 남과 나의 서로 다른 면을 맞춰가고, 때론 양보하는 법을 배워나가기 때문이다.

완두를 데려온 지 얼마 안 된 무렵, 인천의 오래된 아파트에 살 때 바퀴벌레를 잡으려고 집 안 구석 잘 안 보이는 곳에 살충 젤을 발라놓았던 적이 있다. 완두가 그걸 어떻게 알았는지 앞발을 집어넣고 핥아먹는 바람에 사단이 났다. 토하고 거품 물다 사지가 늘어진 완두를 한밤중에 안고 심야 진료를 하는 동물병원을 찾아 헤맸다. 그런데 고양이를 병원에 데리고 가니 의사의 반응이 뜨악했다.

"이 정도를 가지고 뭘 그러느냐고, 애는 길고양이라서 잘 견딘다는 거예요. '뭐, 살면 다행이고요.' 그런 식으로 말하는데, 위세척이라도 해달라고 그랬어요. 식염수 먹이고 토해내게 하고……. 그 다음 날 간신히 살아나더라고요. 병원비가 엄청나게 나왔는데, 의사는 저를 이상한 사람처럼 봤어요. 이런 고양이를 뭐하러 비싼 돈 주고 치료하느냐는 식이었어요. 그때 사람들이 키우는 동물이란 게 위주였고, 완두는 품종 고양이도 아니었으니까요. 그게 되게 서러웠어요. 똑같은 생명인데, 이건 아니잖아요."

그렇게 애틋한 순간도 있었지만, 때론 완두가 얄미울 때도 있었다. 문을 열고 집에 들어섰을 때 완두가 편안하게 늘어져 있으면 '넌 참 팔자도 좋다' 싶었다. 어떤 날은 밥이며 화장실 청소를 챙겨주는 게 지겨울 때도 있었고, 여행을 갈 때면 완두를 다른 사람에게 맡기고 가야 하는 게 부담스럽기도 했다. 가족이 소중하지만 늘 사랑스럽지만은 않은 것처럼, 완두도 마찬가지였다.

그런 완두가 진짜 가족으로 느껴지게 된 건 남편 덕분이다. 남편은 고양이

낯선 세계로 비상을 꿈꾸는 봄 고양이
화 가 안 미 선

「Flying」, 실크에 혼합재료, 55×55cm, 2009

에 별 관심이 없었지만, 완두 때문에 고양이를 좋아하게 됐고, 고양이 털 때문에 알레르기 비염을 앓아 콧물을 줄줄 흘리면서도 완두를 아껴주었다.

"결혼하고 4년 동안 아이가 없었어도 권태기 없이 잘 지낼 수 있었던 건, 완두라는 공통의 관심사가 있었기 때문이에요. 남편은 귀가하면 "오늘 완두 어땠어?" 하고 이야기를 꺼내곤 했는데, 생각해보면 남편이 고양이와 저의 관계를 가깝게 해준 거죠. 그런데 결혼한 지 4년 만에 아기가 태어나면서 결국 완두를 끝까지 지켜주지 못했어요. 임신했을 때 어른들이 '이제 고양이는 그만 키워야 하지 않겠니?' 하고 우려하실 때도 잘 넘겼는데, 막상 아기가 태어나니 아기도 비염이 있어서……"

결국 3년 전 고양이를 키우는 다른 분에게 완두를 보내야 했다. 완두를 보낸 다음에도 후회가 컸다. 끝까지 지켜주지 못한 미안함, 책임지지 못할 걸 왜 키웠을까 하는 자책 때문이었다. 입양을 보낸 뒤에도 가끔 완두의 소식을 전해 듣는다. 2010년 열두 살이 된 완두는 이빨이 좀 빠진 것 빼고는 건강하다고 한다. 동물도 늙으면 백내장이 생긴다는데, 아직 눈에도 이상이 없다. 그래도, 나이 들어 다른 집으로 간 완두는 언제나 마음의 짐으로 남는다.

예전에 그림 모델로 빌려왔던 고양이는 짧은 시간에 많은 사진을 찍어둬야 해서 자료로 남은 포즈 사진이 많지만, 정작 함께 살았던 완두의 사진은 별로 없다. '집에서 키우는 고양이야 만날 볼 건데, 무슨 사진을 일부러 찍나' 했던 그는 뒤늦게 후회했다. 그림 속에 그려진 완두의 모습이 소중한 것도 그래서다.

낯선 세계로 비상을 꿈꾸는 봄 고양이
화 가 안 미 선

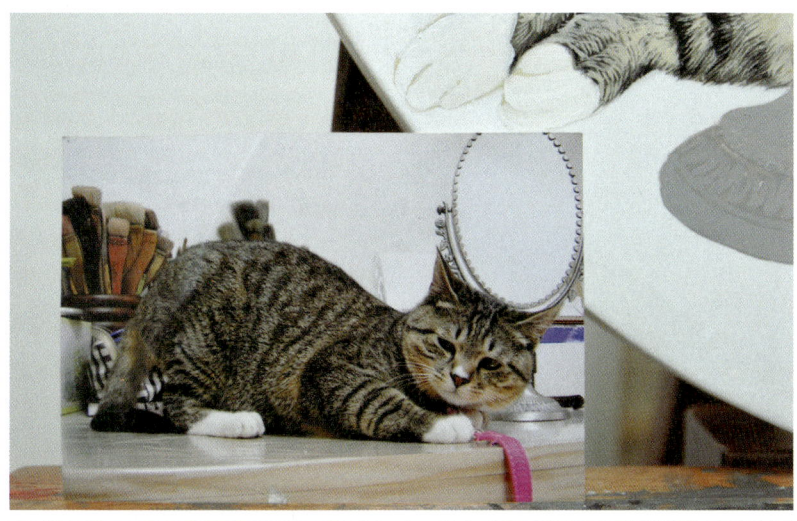

「Flying」, 실크에 혼합재료, 각 지름 53cm, 2009

"제가 본 완두는 늘 어딘가에 갇혀 있는 고양이였어요. 가끔 산책을 시키면 무서워하고 나가는 걸 꺼려하지만, 늘 집 안에서 창밖을 멍하니 내다보면서 동경하는 것 같았고요. 완두는 봄을 참 좋아했어요. 빌라에 살 때 화단에 꽃이 많았는데, 완두는 늘 거길 내다보면서 나비나 벌이 보이면 잡으려고 헛발질을 하는 거예요. 저도 평소에 모임에 잘 나가지 않고, 주로 집에 혼자 있곤 했는데, 완두를 보면 '너나 나나 참 많이 닮았다' 하고 생각할 때가 있었어요. 날씨가 좋으면 '아, 나가면 좋겠다' 하고 생각하지만 현실은 집 안에서만 있던 저였거든요."

혼자 있길 좋아하고 외출을 싫어하던 안미선은, 남편을 만나면서 많이 변했다. 활동적인 남편을 따라 막상 여기저기 다녀 보니, 여행이 그렇게 좋을 수 없었다. 문득 늘 집에 있는 완두도 이렇게 어디론가 나가고 싶지 않을까 하는 마음이 들었다.

"제가 바깥 생활을 즐겨 보니 너무 좋은데, 막상 돌아와서 혼자 있는 완두를 보면 갑자기 불쌍해 보이는 거예요. 그래서 제가 어떻게든 표현하고 싶었지만 성격상 하지 못했던 일, 나를 드러내고 싶었던 마음의 한 부분을 고양이로 표현하게 된 것 같아요. 안전한 곳만 찾아 숨는 완두지만, 언젠가는 자연 속에서, 또 더 넓은 세상에서 거닐 수 있으면 좋겠다고 생각했어요."

안미선은 비단에 고양이 그림을 그린다. 처음에는 종이에 그리기도 했지만, 비단에 붓을 긋는 순간 종이와는 색다른 느낌에 매료됐다. 비단을 바탕으로 한 그림이기에, 먼저 나무틀에 비단을 팽팽히 잡아당겨 붙이는 기초 작업

「Flying」, 실크에 혼합재료, 57×57cm, 2010

을 거친다. 비단이 잘 부착되면 같은 사이즈의 패널을 누르고 밑그림을 뜬다. 밑그림대로 똑같이 되는 건 아니어서 일단 큰 맥락에서 기본적으로 묘사하고 배접을 하는데, 이렇게 배접을 하면 얇은 비단이 손상되는 일을 막아준다. 또한 염색한 비단을 사용할 경우 약품 성분 때문에 물감 색이 잘 먹지 않는 경우가 있어서, 자연스러운 느낌으로 색이 배어나올 수 있도록 비단 뒷면에 색지를 배접하는 까닭도 있

다. 동양화지만 입체적인 요소를 반영하고 싶어서 그림에 자수도 넣기 시작했다. 세밀화로 그린 고양이 그림에 화려한 자수가 혼합된, 그만의 작품 스타일이 탄생한 것이다.

"처음에는 나비를 수놓았는데 나중에는 꽃, 기물, 다양한 문양 등을 넣게 됐어요. 제가 호랑이띠라서 호랑이를 자수로 넣기도 하는데, 가끔 완두는 고양이라기보다 호랑이 같거든요. 당당한 모습도, 무늬도, 모든 것이 닮았어요. 그래서 그림에도 호랑이를 넣는데 민화적인 느낌도 약간 가미하죠. 가끔 왜 힘들게 손으로 수를 놓느냐는 분도 있어요. 요즘은 기계로도 수를 놓잖아요? 그런데 그렇게 하면 제 의도와

「Flying」, 실크에 혼합재료, 50×100cm, 2010

다른 그림이 나올 수도 있거든요. 미숙하더라도 직접 하는 게 좋은 것 같아요. 요즘 한 가지 더 시도하는 것이, 동그란 수틀 자체를 액자처럼 꾸민 작품이에요."

 설명을 듣고 보니 작업실에 크기 별로 놓인 동그란 수틀이 눈에 띈다. 수를 놓을 때도 쓰고, 수틀 테두리를 따라 가늘게 자른 자개를 일일이 붙이면 마치 액자를 두른 것 같은 효과를 낼 수 있다. 자수도 그렇지만, 일일이 수작업으로 자개로 붙여 액자를 만드는 것도, 세밀화를 그리는 일도 모두 노동집약적인 작업이다. 그림에 들어간 노동력만으로도 감동을 줄 수 있다고 믿기에, 그 작업을 계속하게 된다고 한다. 그러나 단순히 노동집약적인 작업이 힘들고 고통스럽기만 하면 계속하지 못했을 것이다. 안미선은 세밀화가 주는 나름의 희열이 있다고 한다. 그리는 이에게 심리적인 안정감을 준다는 것이다. 온 정신을 집중해서 그림을 그리면서 때론 무아지경에 빠지기도 한다.

"가끔 텅 빈 화폭을 보면, 이 공백에 뭘 그려야 하나 힘들 때가 있어요. 하지만 그림을 그리는 속도가 나도 모르게 빨라지면서 디테일하게 나올 때의 기쁨이라든가, 손끝에 순간적인 힘이 느껴질 때가 있어요. 그런 희열감이 세밀화의 매력인 것 같아요."

 완두는 이제 그의 곁에 없지만, 그림 속에서는 여전히 흐드러지게 핀 꽃향기를 만끽하며 봄을 그리는 '봄 고양이'의 모습으로 남아 있다. 봄바람에 한들한들 움직이는 고양이 털 한 올 한 올 심듯이 화폭에 그려 넣을 때마다, 작가가 가족으로 받아들였던 단 한 마리 고양이의 기억은 지친 마음을 다정하

낯선 세계로 비상을 꿈꾸는 봄 고양이
화　　가　　안　　미　　선

게 어루만질 것이다. 살다보면 때로 혹독한 겨울을 지날 때처럼 춥고 외로운 날도 있을 것이나, 보송보송하고 따스한 고양이의 추억이 있는 한, 언제나 마음은 봄에 머문다.

「Flying」, 실크에 혼합재료, 65×50cm, 2009

양털 인형처럼

따스한

고양이 엄마

인형작가 권유진

마음이 힘들 때 꼭 껴안으면 행복해지는, 포근포근 고양이. '네코마미'라는 닉네임으로 활동하는 인형작가 권유진은 고양이 털의 따스한 느낌을 담은 모헤어로 인형을 만든다. ㅅ자형 입술꼬리를 슬쩍 올리며 의뭉스레 반달눈 웃음을 짓는 고양이 인형은 꼭 만화에서 튀어나온 악동 같다. 거실 가득한 고양이 인형과 눈을 맞추다가, 호락호락하지 않은 그 표정에 그만 웃고 만다. 집에 있는 스밀라도 가끔 똑같은 표정을 보여주던 기억이 떠올랐으니까. 스밀라는 뭔가 심기가 불편할 때면 입술을 앙다물고 반달눈을 뜨곤 한다. 그 표정은, 기분 좋을 때 지그시 눈을 감았다 뜨는 그윽한 표정과는 확실히 다르다. 권유진의 인형을 보면 슈렉 고양이처럼 동그랗고 커다란 고양이의 눈만 매력적인 것이 아니라, 반달눈도 그에 못지않게 사랑스럽다. 나는 그렇게 표정 있는 인형이 좋다.

펠트공예의 재료로 쓰이는 모헤어는 양모의 일종인데, 손으로 살짝 만져보면 구름솜처럼 가볍고 폭신하다. 이 모헤어를 표면에 미세한 홈이 있는 바늘로 수차례 찌르면, 솜털처럼 가느다란 털실 가닥들이 서로 결합하면서 형태를 유지하게 된다. 찌르면 찌를수록 모헤어 조직은 치밀하게 결합해서 단단해진다. 모헤어를 돌돌 말아 뭉치고 바늘로 찌르는 동작을 반복해서 형태를 자유롭게 만들 수 있는 것도 장점이지만, 서로 다른 색의 모헤어를 겹쳐 바늘로 찌르면 물감으로 섞은 것과는 또 다른 오묘한 색이 난다. 알록달록 갖가지 색의 털옷을 입은 고양이 인형을 만드는 데 모헤어만큼 잘 어울리는 재료도 없을 듯하다.

	권유진은 2008년 2월께부터 독학으로 모헤어 인형 만드는 법을 익혔다. 고양이를 그려보기는 했어도 인형으로 만들어본 적은 한 번도 없었지만, 막상 해보니 만드는 재미가 쏠쏠했다. 함께 사는 고양이 중 첫째 에기와 둘째 순이를 모델로 한 초기 인형은 아직도 소중히 간직하고 있다.

	"처음에는 못생긴 고양이들을 만들고 싶었어요. 근데 모델이 아무래도 저희 집에

양털 인형처럼 따스한 고양이 엄마
인 형 작 가   권 유 진

사는 고양이들이라 얼굴은 예쁘게 나왔는데, 몸이랑 다리가 너무 굵게 나왔죠. 서 있는 고양이를 만들고 싶어서 뼈대를 만들려는데, 뭘 써야 할지 모르겠는 거예요. 그래서 처음에는 동네에서 철사를 사서 만들었어요. 5,000원어치 달라니까 철사를 타이어만큼 잔뜩 말아주더라고요. 나중에 공예용 와이어가 있다는 걸 알고 나서는 그걸 쓰고 있어요. 물펠트 인형은 한 번 물에 빨아 써야 하는데, 철사는 녹이 슬거든요."

그렇게 시행착오를 거치면서 만든 고양이 인형을 친구들과 주변 사람들에게 한두 마리씩 선물하면서, 블로그를 통해 네코마미표 고양이 인형이 알음알음 알려졌다. 가끔은 낯선 사람에게서 "우리 집 고양이를 모델로 인형을 만들어주세요" 하고 연락이 오기도 한다. 판매를 염두에 두고 만든 게 아니라 짬 나는 시간 틈틈이 만드는 거라서 모든 부탁에 다 응할 수는 없지만, 사연을 들어보고 '이 사람에겐 고양이 인형이 꼭 필요하겠구나' 싶으면 수락한다. 고양이가 죽었는데 그 고양이를 꼭 닮은 인형을 갖고 싶다는 사람, 유학을 가게 됐는데 고양이는 못 데려가지만 조그만 인형이라도 데려가고 싶다는 사람도 있었단다.

"기억에 남는 분 중에, 고양이가 건강이 나빠지고 나이도 많아서 곧 세상을 떠날 것 같다고, 꼭 하나 간직하면 좋겠다고 가격을 문의해온 분이 있어요. 만들어드리기는 했는데 그 뒤로 그분 블로그에는 가질 못해요. 혹시 안 좋은 소식이 있을까 봐……. 전 겁이 없는 편인데, 불쌍한 동물들의 이야기를 보고 듣는 건 겁나요."

양털 인형처럼 따스한 고양이 엄마
인 형 작 가 권 유 진

동물에 대한 연민 때문에 권유진은 '오지랖 넓다'는 소리도 가끔 듣는다. 개랑 함께 살아본 적은 있어도 고양이는 싫었던 그가 첫 고양이 에기와 함께 살게 된 것도, 딱한 처지에 놓인 동물을 지나치지 못하는 성격 때문이었다.

"1996년 일본으로 유학을 갔을 때인데, 이제 고등학교 막 졸업하고 온 철없는 유학생 하나가 어디서 고양이를 데려왔어요. 근데 막상 데려와 보니까 귀찮아서 버릴 생각이래요. 버리지 말라고 했더니 그럼 동물보호소로 보내겠다는 거예요. 근데 보호소도 유예 기간이 있고 그 기간이 지나면 고양이를 안락사시키거든요. 안 되겠다 싶어서 누가 데려갈 때까지만 데리고 있겠다고 했는데, 여태 데리고 살게 됐어요."

얼떨결에 맡기는 했지만, 처음에는 내 고양이가 아니라는 생각에 정을 주지 못했다. 유학 온 지 얼마 되지 않았을 때라 현지 생활에 적응하기에만도 바쁘던 시절이었다. 고양이에 대해 무지했던 무렵, 해줄 수 있는 일이라곤 고양이 캔을 사다 주는 일뿐이었다. 그 기간 동안 그의 집을 드나들던 유학생들이 에기를 학대하는 바람에, 에기는 마음의 상처를 입었다.
"저는 기숙사가 싫어서 혼자 방을 썼는데, 저희 집이 유학생들의 아지트가 됐죠. 그 무렵 놀러온 학생들이 고양이를 싫어해서 에기를 던지기도 하고 거꾸로 매달기도 했대요. 그래서 사람을 좋아했던 에기가 사나워진 거죠. 에기가 그렇게 된 게 제 책임이다 싶어서 평생 안고 가자 생각했어요."

 성격이 날카로워진 에기는 낯선 사람의 손길을 경계한다. 그래서 처음 방문한 사람에게는 에기를 만지지 말라고 주의를 줘야 한다. 에기와 달리, 남편이 결혼하기 전부터 키우던 샴고양이 순이는 경계심이 없다. 인터뷰를 하는 동안 내 카메라 가방을 호시탐탐 노리더니 기어이 얼굴을 들이민다. 거기서 낯선 고양이의 향기라도 났던 걸까.
"사실 저희 부부는 고양이가 결혼시켜준 거나 다름없어요. 2년 전 유학을 마치고 돌아와 부모님 댁에 에기를 뒀는데, 잘 지내는 줄로만 알았는데 어느 날 외출하고 와보니 부모님이 베란다에 고양이를 가둬두신 거예요. 화가 나서 지금 남편이 된 사람에게 어떻게 하면 좋겠냐고 연락했더니 일단 자기 집에 데려오래요. 우리 고양이가 사나워서 그 집의 고양이를 잡아먹을 수도 있다고 했는데도 괜찮대요. 근데

양털 인형처럼 따스한 고양이 엄마
인 형 작 가 권 유 진

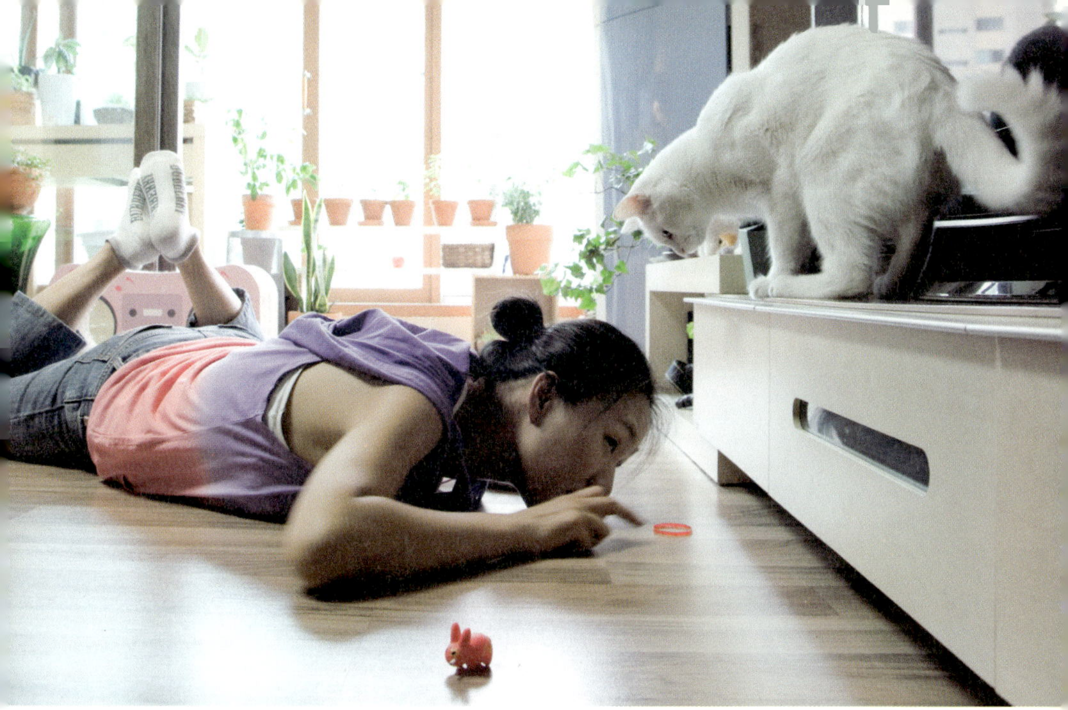

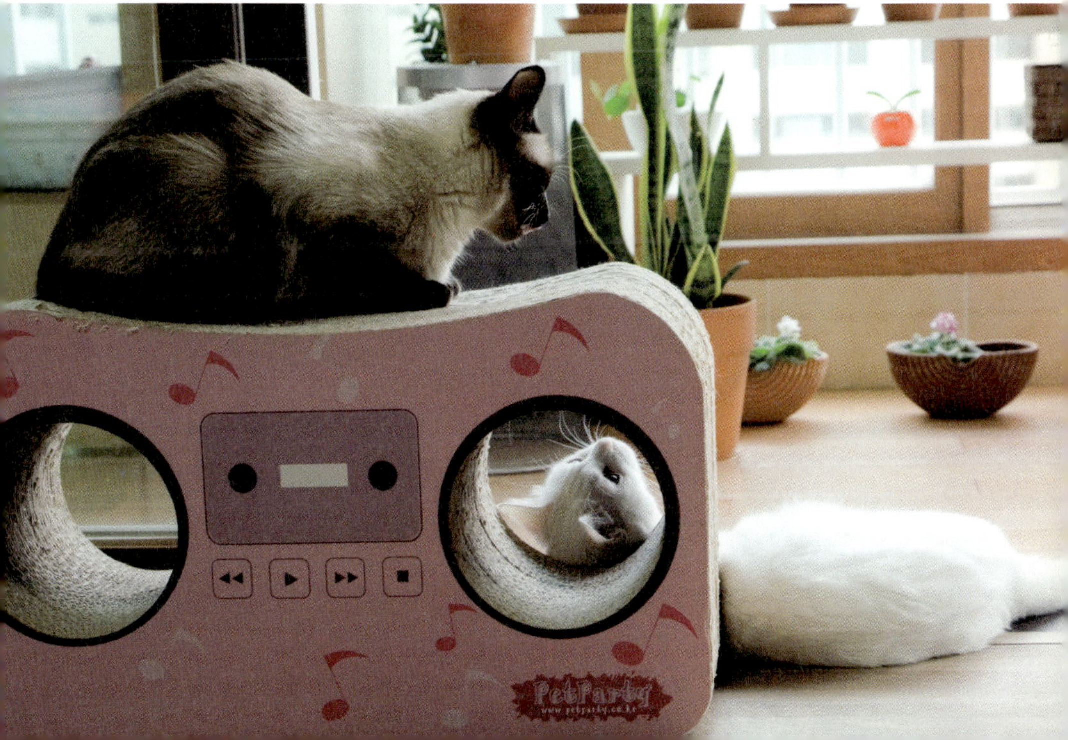
PetParty

저희 집에서 당시 남편 집이 있던 남양주 덕소까지 전철 타고 3시간이 걸리는데, 애기가 있으니까 멀어도 자꾸 가봐야 되는 거예요. 그렇게 저희 집이랑 남편 집을 매일같이 오가다가 결혼도 하게 된 거죠."

셋째 꼬맹이, 일명 꿈은 남편이 가르치던 학생 집에서 버린 녀석을 데려온 것이다. 학생들 사이에서 남편은 '고양이 키우는 선생님'으로 알려져 있는데, 그게 부러웠는지 어느 학생 하나가 자기도 고양이를 데려왔다고 자랑하더란다. 그런데 예뻐서 데려온 그 고양이가, 막상 키워 보니 조금씩 집 안의 물건을 망가뜨리는 게 영 못마땅했던 모양이다. 가구도 발톱으로 긁어놓고 나무도 망가뜨리는 걸 본 학생의 어머니가 참다못해 고양이를 버리겠다고 선포하자, 학생이 도움을 청해왔다. 결국 남편과 함께 한겨울밤 자정이 다 된 시각에 그 고양이를 데리러 갔다. 막상 집에 와서 씻겨 보니 옆구리에 큰 종양이 있어 수술도 했다. 그렇게 늘어난 고양이 가족이 벌써 세 마리다.

그가 고양이 인형을 만드는 작업 공간은 거실이다. 식물을 좋아해서 베란다에 화분이며 캣그라스를 두루두루 키우는데, 거실에 앉아 인형을 만들다 베란다를 내다보면, 미니 정원이 한눈에 들어와 눈이 편안해진다. 가끔 고양이들이 장난치다 화분을 깨먹기도 해서 난감할 때도 있지만.

햇빛 가득한 거실 통유리창 앞에 놓인 길쭉한 원목 책상은 원래 남편 것이었다고 한다. 김창완 밴드의 베이시스트인 남편이 음악 작업을 할 때 쓰려고 들여놓은 책상이지만, 음악 작업을 하기에는 너무 높다며 쓰지 않는 바람에 권유진의 작업대가 됐다.

모헤어 인형은 부드럽고 말랑거릴 것처럼 보이지만, 그가 만든 고양이 인형은 단단한 느낌이다. 꼭 운동으로 몸을 다진 근육질 고양이 같다. 그 비밀은 뼈대에 있었다.

"먼저 뼈대를 만들어요. 15센티미터 정도의 와이어 세 개가 필요해요. 와이어 두 개를 X자로 엮으면 몸이 되는데 여기에 꼬리를 하나 달아줘요. 그럼 뼈대가 만들어지죠. 이 상태에서 양모 털실로 뼈대 전체를 얇게 감아줘요. 바늘이 뾰족해서 철사에 닿거나 하면 부러지는 수가 있거든요. 발끝은 펜치로 살짝 구부려주고요. 그럼 몸통이 돼요. 그 다음에 모헤어를 뼈대에 감아 뭉치는 거죠. 모헤어는 꼭 찰흙 같아요. 가위로 자르는 게 아니라 쭉쭉 뽑아서 겹치면서 쓰거든요."

고양이의 털 무늬를 만들 때는 모헤어를 얇게 펴서 바늘로 찔러주고, 눈 부분을 만들 때는 뽑은 양모를 비벼 가는 털실처럼 만든 뒤, 바늘로 침을 찌르

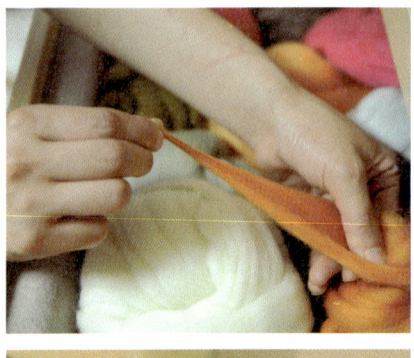

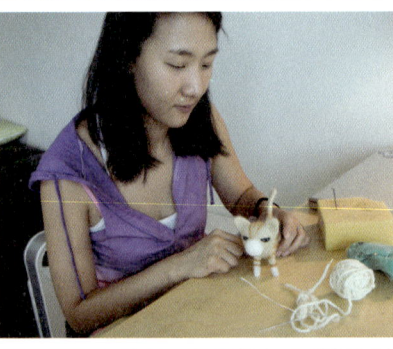

듯 콕콕 찔러 넣어준다. 모헤어의 색깔은 한정되어 있지만 고양이의 털 색깔은 다양하기 때문에, 원하는 색을 내려면 여러 가지 색을 섞어 써야 한다. 모헤어를 쓰다 보면 그림을 그릴 때 덧칠하는 것 같은 느낌이 있단다. 진한 색을 위에 올려 무늬를 넣었는데 그 위에 연한 색을 한 번 더 바르듯이 얹어서 바늘로 찔러주면 또 다른 색과 무늬가 나온다.

펠트공예용 모헤어는 크게 두 가지인데, 물펠트용 모헤어는 결이 곱고 부드럽지만 만드는 데 시간이 오래 걸리는 것이 단점이다. 바늘의 힘으로 뭉치는 게 아니라 물로 빠는 힘과 비눗물의 힘으로 뭉치는 거란다. 반면 니들펠트용 모헤어는 질감이 좀 푸석푸석하지만, 물펠트용 모헤어보다 빠른 속도로 인형을 만들 수 있다.

"모헤어도 굵기가 다른데, 거친 양모가 한 50수쯤 되고, 부드러운 게 60수, 70수예요. 색깔은 물펠트용 양모가 더 다양해요. 그러니까 어쩔 수 없이 물펠트용 양모를 쓰기도 하는데 이때는 시간이 오래 걸려요. 다른 일은 손을 놓고 이것만 한다 했을 때 사흘 정도가 걸리죠. 일반 니들펠트 공예에는 50수를 쓰는데, 뼈대 만들고 모양 잡기까지 서너 시간이면 대충 형태가 나와요."

인형이 어느 정도 완성되었는지 확인하려면, 바늘 들어가는 소리에 귀를 기울이면 된다. 처음에는 별 소리가 나지 않는다. 하지만 어느 정도 털실이 뭉치면 점점 소리가 달라진다. 사각사각, 섬유질이 마찰하는 소리가 난다. 소리뿐 아니라 바늘이 들어가는 느낌도 달라진다. 오래 찌르면 찌를수록 단

단해진다. 고양이 귀나 꼬리처럼 얇은 부분은 스펀지 위에 올려놓고 찔러 무늬를 만든다. 그냥 대놓고 찌르다간 바늘이 빗나가 손가락을 찌르기도 하기 때문이다. 이렇게 완성된 고양이 인형에 생동감을 불어넣는 건 낚싯줄로 만든 고양이 수염이다. 처음에는 실로 수염을 표현했지만, 빳빳한 고양이의 수염에는 낚싯줄이 더 낫겠다 싶어 바꾸었다고 한다.

인터뷰를 마치고 집으로 돌아가던 도중에 권유진에게서 전화가 왔다. 자동차 밑으로 도망간 고등어무늬 길고양이를 구조했단다. 혹시 모르니 범백(범백혈구감소증) 검사를 하고 결과가 나올 때까지는 격리보호를 하는 게 좋겠다고 했는데, 병원에선 괜찮을 것 같다던 어린 길고양이는 결국 10여 일 뒤 범백으로 세상을 떠났다. 그 고양이와 접촉했던 셋째 꼼도 며칠 뒤 범백 판정을 받고 한동안 투병 생활을 해야 했다. 정성 어린 치료에도 불구하고 그 길고양이는 짧은 생을 마감했지만, 그와의 만남을 계기로 새로운 인연이 생겼다. 범백 검사와 치료 때문에 숱하게 드나들던 동네 동물병원에서 노란 얼룩무늬의 어린 길고양이를 넷째로 들인 것이다. 무늬가 베이지색이라 이름도 이지라고 지었다.

새로 가족이 된 이지의 모습을 담고 싶어서 다시 한 번 그의 작업실을 찾았다. 범백 균 때문에 하루가 멀다 하고 락스 소독을 하다 지쳐서 짧게 잘랐다던 머리는 어느새 단발로 자랐고, 한바탕 힘든 고비를 겪은 고양이들은 여전히 똥꼬발랄하다. '궁극의 캣타워'로 불리는 트릴로가 거실에 들어서는 바람에, 작업 책상은 침실 창가로 자리를 옮겼다. 고양이가 자꾸 모헤어를 이빨로 잡아당겨 물어뜯는 바람에 평소엔 닫아놓는 금단의 서랍이 열리자, 작가의 눈을 피해 신나게 달려드는 모습이 사랑스럽다. 아무래도 저 말썽꾼들 때문에 심심할 일은 없겠다 싶다.

작가는 그 사이에 동네 길고양이들을 돌보는 캣맘으로 살고 있었다. 고양이를 좋아하게 되면 길고양이의 삶에도 눈이 가고, 예전에는 모르고 지나쳤던 문제들에 대해서도 다시 한 번 돌아보게 된다. 용기를 내어 그들의 삶에 도움을 주려고 뛰어들었다가 병들어 죽는 고양이들을 보며 상처입기도 하고, 버려지는 고양이들이 끊이지 않는 현실에 분노하기도 한다. 때로는 '왜 그들의 삶에 개입했을까' 후회도 하지만, 결국 다시 마음은 그들을 향할 수밖에 없다. 혼자의 힘은 미약하기에 세상을 바꿀 수는 없지만, 그래도 내가 아는 어떤 고양이의 삶은 좀 더 나아질 수 있으리라는 믿음이 있기 때문에. 길고양이에게 다시 손 내밀 수 있는 힘도 거기에서 나오지 않을까 싶다. 그가 만드는 모헤어 인형만큼이나 따뜻한 마음을, 권유진에게서 본다.

블로그 ▶ nekoism http://nekomami.tistory.com

양털 인형처럼 따스한 고양이 엄마
인 형 작 가 　권 　유 　진

세상 모든 물건을 고양이로 만들고픈 꿈

도예가 조은정

도예가 조은정의 작업실은 두 군데다. 남들은 하나도 갖기 어려운 작업실이 두 곳이라니. 한데 그가 작업을 두 군데서 하는 데에는 사정이 있다. 여느 도예가들과 달리, 조은정의 작업실에는 가마가 없다. 대신 집에 가마를 뒀다. 지금 쓰는 작업실 공간이 협소한 편이라, 공방 겸 작업실로 쓰는 곳에선 수강생을 가르치거나 초벌구이한 기물에 그림을 그려 넣는 작업을 하고, 가마에 굽는 마무리 작업만 집으로 가져가서 한다. 가마에 불을 때지 않을 때면, 고양이들이 전망대 삼아 창밖을 보는 캣타워로도 쓴다. 가마를 보호하는 철제 앵글에 마끈을 감아 발톱긁개를 만든 모습은, 고양이와 함께 사는 도예가의 작업실에서만 볼 수 있는 풍경이다.

가마도 구경할 겸, 고양이들과도 인사할 겸 성북동 집부터 먼저 찾아가본다. 열 마리 고양이들이 호기심 어린 눈으로 낯선 이를 탐색하는 것도 잠시. 작가의 품으로 달려드는 다른 고양이를 앞발 훅으로 견제하며 사랑을 독차지하고픈 메이, 조용히 바깥 경치나 보겠다는 점잖은 야로, 늘 기분이 좋아 꼬리가 하늘로 치솟은 오동이, 손님 접대용 우유에 슬며시 코를 들이대는 브즈까지, 저마다 제 할 일에 바쁘다. 이 애교덩어리들을 떼어놓고 어떻게 작업실로 갈까 싶은데, 함께 사는 고양이 중 히로가 작업실에 있다고 한다. 첫째 메이의 막내아들로 태어나 입양 갔다가 10년 만에 파양되어 돌아온 히로는, 외동으로 사랑받으며 살았던 탓에 다른 고양이와 원만히 지내는 법을 모른다. 어쩔 수 없이 당분간 따로 지내고 있다.

조은정은 고양이를 키울 수 없던 10대 시절 때부터 차근차근 '고양이 가족 계획'을 세웠다. 흰 고양이, 검은 고양이, 검은 줄무늬 고양이, 노란 고양이. 이렇게 네 마리로 1세대 구성이 끝나면 5~6년 터울을 두고 2세대 고양이를 그만큼 데려올 계획이었다. 나이 든 고양이들이 언젠가 떠나도 쓸쓸하지 않

세상 모든 물건을 고양이로 만들고픈 꿈
도 예 가 조 은 정

게, 마음의 보험 같은 의미로. 하지만 가족계획이란 게 늘 뜻대로 되는 것은 아니어서, 1997년부터 한 마리씩 데려온 고양이가 열한 마리로 늘었다.

  내 고양이가 애틋하다 보니, 아픈 길고양이나 입양처가 필요한 아기 고양이에게도 자연스레 마음이 갔다. 지금껏 그의 손을 거쳐 생명을 구하거나 입양 간 고양이는 백수십 마리에 이른다.

"내가 도운 고양이가 죽을 고비를 넘긴다면 내게도 어떤 긍정적인 기운이 돌아올 텐데, 그 기운이 내 고양이한테로 갔으면 하는 바람이 있었어요. 가끔은 마음이 힘들 때 현실도피 비슷하게 고양이 돌보기에 매달린 적도 없진 않았고요. 걱정한다고 해결되는 게 아닌데 마음이 걱정으로 가득 찰 때, 당장 두 시간에 한 번씩 분유를 먹여야 하는 젖먹이가 있으면 그런 걱정을 할 겨를도 없거든요."

  어떤 이는 조각보를 만들거나 십자수를 놓으면서 마음을 비운다는데, 그는 고양이를 돌보며 시름을 잊은 모양이다. 1997년 첫 고양이 양양을 들일 무렵이 그에게는 가장 힘겨운 때였다. IMF로 아버지 사업이 잘못되면서 가족도 뿔뿔이 흩어졌고, 집도 없이 언니와 단둘이 서울에 남겨졌다. 일주일을 남의 집 신세를 지다 간신히 머물 곳을 구했지만, 살 이유를 잃은 사람처럼 멍하기만 했다. 그 무렵 데려온 고양이가 양양이다.

"언니 친구 아버지가 대문 옆 쓰레기 더미에 버려진 새끼 고양이를 몰래 꺼내오셨대요. 가족이 다 반대하는데, 마침 딸 친구 동생인 제가 고양이를 좋아하니 이리로 보낸 거죠. 그렇게 양양과 처음 만났어요. 근데 고양이가 생기니까 밥이랑 모래를

세상 모든 물건을 고양이로 만들고픈 꿈
도 예 가 조 은 정

사야 되잖아요. 그제야 회사에 나가고 일을 하는 의미가 생겼어요."

원하는 색깔과 무늬별로 고양이를 입양하고 싶었던 어린 시절의 가족계획도, 양양의 입양을 계기로 본격적으로 가동됐다. 1998년 2월 모란장에서 사온 둘째 고양이 메이, 역시 모란장 약고양이 장에서 산 채로는 안 판다는 걸 우겨서 사온 셋째 나오미, 하이텔 고양이 소모임의 입양란 담당자로 있던 시절 인연이 닿아 입양한 넷째 야로까지 네 마리로 1세대 구성을 마치려던 무렵, 예기치 않은 업둥이가 들어왔다. 젖소무늬 고양이 잭, 일명 재구다. 철저히 가족계획에 입각해 고양이를 들였던 만큼, 예정에 없던 잭은 구조 후에 바로 입양 보낼 생각이었다. 하지만 병원에서 검진해보니 시신경이 거의 망가졌다는 말에 결국 다섯째로 떠안았다. 잭은 녹내장이 심해져 1년도 지나기 전에 오른쪽 안구를 적출했고, 시력이 없던 왼쪽 눈도 열 살 무렵 적출 수술을 받았다. 앞을 볼 수 없었지만, 잭은 언제나 당당하고 자신감이 넘쳤다.

"사고를 겪거나 장애가 있는 고양이라고 해서 모두 트라우마에 시달리진 않아요. 잭은 스스로를 불쌍하다 여기거나, 앞을 못 본다고 괴로워하지 않았어요. 오히려 '이 정도 큰일도 겪었는데, 그보다 가벼운 일에는 타격을 받지 않아' 하는 당당한 고양이로 자라줬거든요."

양양부터 잭까지 다섯 마리가 1세대 고양이였다면, 6년의 터울을 두고 얻은 2세대 고양이는 여섯 마리다. 나오미가 여섯 살 때 낳은 동고비와 싱그람, 들고양이였던 노랑둥이 소목과 턱

세상 모든 물건을 고양이로 만들고픈 꿈
도 예 가 조 은 정

시도 무늬의 '개냥이' 브즈, 여신 같은 외모를 자랑하는 호리호리한 2대 야호, 어른이 되어서도 절대 동안을 자랑하는 오동이까지. 가족에게서 독립한 지 오래지만, 집에 들어서면 반겨주는 고양이 가족 덕분에 쓸쓸하지 않다.

 동물용품 숍 한쪽을 세내어 쓰는 조은정의 작업실에는, 숍에서 분양되길 기다리는 꼬마 고양이들이 수시로 드나든다. 고양이가 오가기 좋게 조그만 개구멍을 뚫어놓은 것이 재미있다. 그의 작업실에 드나드는 손님은 숍 고양이뿐만이 아니다. 도움이 필요한 길고양이도 잠시 머물다 간다.

 조은정이 초벌구이 기물을 꺼내 채색 작업을 하는 동안, 히로는 작업대 위에서 배회하며 참견할 기회를 노린다. 작업만큼은 방해하지 못하게 엄격히 가르쳤지만, 잠시 쉬는 틈을 타 스핑크스 자세로 허벅지에 올라타고 버티는 히로를 보면 웃을 수밖에. 집에서도 작업실에서도 언제나 고양이와 함께할 수 있으니, 고양이 작가에게는 이보다 좋은 작업실이 없다.

 그가 만든 작품 중에는 화려한 채색 작품도 있지만, 내 마음을 사로잡은 건 검은 고양이 그림이다. 어둠 속에 고양이 실루엣만 보일 때도 함께 사는 사람은 어떤 고양이인지 단번에 알아차리는 것처럼, 검은색만으로 11마리 고양이의 기억을 풀어낸 모습이 흥미로웠다. 유독 검은 고양이 그림이 많은 것을 보면, 까만 얼굴 한가운데 장난스런 눈망울을 반짝반짝 빛내는 고양이는 작가의 분신 같기도 하다. 호리호리한 몸에 강인함을 숨긴 흑표범 여인, 또는 사람의 모습을 한 대장 고양이—조은정을 처음 만났을 때 받은 느낌이 그랬

세상 모든 물건을 고양이로 만들고픈 꿈
도 예 가   조 은 정

으니까.

고양이 그림을 그리기 시작할 땐, 동그라미 두어 개로 머리와 몸통 위치를 표시할 뿐 밑그림 없이 즉흥적인 붓놀림으로 완성한다. 언뜻 보아 수묵화와 흡사한 느낌이 드는 것도 그래서다. 그러나 먹의 농담을 자유롭게 표현하며 한 붓에 그려내는 수묵화와 달리, 초벌구이를 한 기물은 습기를 잘 빨아들여 붓의 움직임이 뚝뚝 끊기기 일쑤다. 때문에 속도감 있게 그려내기도 어렵고, 채색에 쓰는 안료도 주성분이 돌가루인지라 일반 물감처럼 다루기가 쉽지 않다. 그래서 오랜 시행착오 끝에 찾아낸 것이 단청 붓이다. 혹시 잘못 그렸을 때는 스크레이퍼로 살살 긁어내면 된다고.

처음부터 그가 도예 공방을 연 것은 아니었다. 고양이를 좋아해서 고양이가 들어가는 물건에 관심이 많았고 '캐츠, 캐츠, 모어 캐츠Cats, Cats More Cats' 같은 해외 고양이 상품 사이트나 잡지에 실린 고양이 관련 물건을 보면 모조리 다 갖고 싶었다. 그러나 십 수 년 전만 해도 한국에는 고양이 아트 상품이란 개념이 없었고, 해외 구매도 쉽지 않던 시절이었다. '저걸 살 수 없다면, 아예 내가 직접 만들어버릴까?' 하는 마음에 시작한 취미 생활이 어느새 직업이 된 것이다.

당시 회사원이었던 그는 한 달에 10만 원씩 모아 고양이를 테마로 한 물건을 만들기 시작했다. 고양이 그림이 그려진 천과 고양이 모양 부자재를 구해 파우치를 1개 만들면, 그걸 팔아 다시 2개를 만들 재료비를 버는 식이었다.

세상 모든 물건을 고양이로 만들고픈 꿈
도 예 가 조 은 정

그렇게 소규모 수공예로 시작한 일이, 나중에는 온라인 고양이 쇼핑몰로 커졌다. 2000년경엔 쇼핑몰 창고 한쪽을 정리해 고양이 카페 '열 번째 고양이'를 열었다. 국내 최초의 고양이 카페였지만, 너무 시대를 앞서간 까닭에 오래가지 못했다. 요즘 성행하는 고양이 카페처럼 입장료를 받고 시간제로 운영한 것도 아니었으니 그럴 만도 했다. 고양이 쇼핑몰로 번 돈이 고양이 카페의 유지비로 다 빠져나가면서, 결국 2002년 쇼핑몰과 카페를 모두 닫았다. 사업을 정리하고 빈손으로 나올 무렵, 그의 마음을 끈 것이 도예 작업이었다.

"카페 손님 중에 혜화동에서 도예 작업실을 하는 분이 계셨어요. 저야 늘 이런저런 고양이 물건을 만들고 싶어했으니까, 고양이 밥그릇을 만들고 싶어서 공방에 갔죠. 근데 흙으로 빚어 만드는 작업은 당일엔 안 된다고, 그림을 한번 그려보라는 거예요. 도자 안료가 참 재밌더라고요. 어린애들 쓰는 12색 크레파스로 정물화 그리는 기분이었어요."

생활자기 만드는 일에 재미를 붙인 그는 한동안 사용료를 내고 혜화동 작업실을 함께 쓰다가 2005년 독립해 공방 '고양이 요람'을 열었다. 도예를 전공하지 않았지만, 전공자가 아니기에 오히려 형식에 얽매이지 않고 자유로운 작업을 해볼 수 있었다. 몇 차례 작업실을 이전한 끝에, 최근 새로 옮긴 작업실에서는 그릇에 그림도 그리고, 고양이 가방 등 생활용품도 만든다.

"제가 만드는 게 생활자기잖아요. 그러니 작품으로 인정을 못 받을 때가 많아요. 아무리 멋지게 만들어도 머그컵 하나에 3,4만 원 쓰는 사람은 없잖아요. 그러니 높

세상 모든 물건을 고양이로 만들고픈 꿈
도 예 가 조 은 정

은 가격을 붙이지도 못하죠. 너무너무 갖고 싶은데 가질 수 없는 그 마음을 알거든요. 나부터 '됐어, 살 수 없으면 만들지 뭐' 하는 마음으로 만들기 시작한 건데, 비싸게 받을 수 없더라고요."

조은정은 '야호메이'라는 브랜드 네임으로 꾸준히 고양이 아트 상품을 만들 생각이다. 이 브랜드 명은 그가 키웠던 고양이들의 이름을 딴 것이다. PC통신 시절부터 온라인상에서 써온 야호메이, 혹은 메이라는 닉네임이 이젠 본명보다 더 친숙하다.

"하이텔에 처음 아이디를 만들 때였는데, 제 첫 고양이 이름으로 하고 싶었어요. 양양은 언니가 데려왔으니까 언니 고양이잖아요. 그렇게 따지면 메이가 제겐 첫 고양이인데, 실은 그전에 야호가 메이보다 먼저 들어왔다 교통사고로 죽었거든요. 그러니 저한테는 야호와 메이가 똑같은 순번이에요. 메이란 아이디는 다른 사람이 이미 선점해버려서, 야호메이라고 입력하니 되더라고요."

조은정이 만드는 작품은 생활자기 외에도 다양하다. 판매를 염두에 두지 않고 전시에 출품할 작품을 준비하고 싶어서 거대한 수반을 만들고, 까만 유리알 같던 재구의 한쪽 눈을 생각하며 조그만 고양이 오브제를 흙으로 빚어보기도 했다. 한데 고양이와 관련된 작업이라면 뭐든 신나게 몰입하는 그도 마음이 무거워지는 작업이 있다. 아는 사람에게서 고양이 유골함을 만들어 달라는 부탁을 받을 때다. 오래전 고양이 모임에서 친해졌다가 한동안 연락이 끊긴 친구가 갑자기 연락해올 때면, 혹시나 싶어 가슴이 철렁하다.

"예뻐했고 알고 지냈던 고양이들이 죽었다는 소식을 가장 먼저 듣게 되니까, 처음 공방 열고 3년간은 너무 힘들었어요. 고양이가 죽어서 유골함을 만들어 달라거나, 혹은 아직 만들지 말지 결정을 못했다는 얘기일지라도, 어쨌든 제일 먼저 제게 연락을 하더라고요."

문득 듣는 '아는 고양이'의 부고는, 조은정의 1세대 고양이들 역시 점점 나이 먹고 있음을 확인시켜주는 일이기도 하다. 친구를 위한 유골함을 만들면서, 조은정도 언젠가 자신의 고양이들에게 찾아올 죽음을 수없이 그려보았을 것이다. 그래서 만성 신부전을 앓아온 양양이 2009년 6월 세상을 떠났을 때도, 같은 해 12월 재구가 양양 곁으로 갔을 때도 그들의 죽음을 담담히

받아들일 수 있었다.

"사고로 고양이가 죽거나, 고양이를 잃어버려서 생이별한 친구도 있거든요. 그때 느낄 감정이 어떤 건지 아니까……. 차라리 나이 먹어서 노환으로 죽은 게 어쩌면 축복이라는 생각도 들어요. 슬픔 속에도 기쁨이 있다면 그런 거겠죠. 그거라도 있어야지, 그것도 없으면 어떻게 버텨요."

    태어날 때 함께하진 못했더라도, 마지막 순간은 최선을 다해 함께했다는 확신이 있기에 견딜 수 있다는 그의 말에 고개를 끄덕인다. 세상에 존재하는 다양한 삶의 방식만큼이나, 죽음을 애도하고 극복하는 방식도 다를 수밖에 없으리라. 사별은 누구에게나 깊은 슬픔을 남기지만, 함께 사는 고양이의 죽음이란 그에게 상실보다 완성에 가까운 의미가 아닐까 싶다. "잘 죽는 것은 잘 사는 삶의 정점"이라 했던 로버트 풀검의 말을 굳이 빌리지 않더라도. 저술가이자 목사였던 로버트 풀검은 「내 인생의 여섯 가지 신조」라는 글에서 "슬픔의 유일한 치료제는 웃음이며, 사랑이 죽음보다 더 강하다는 걸 나는 믿는다"고 썼다. 나 역시, 그의 말을 믿는다.

블로그 ▶고양이 요람 http://yahomay.tistory.com

하늘을 나는 고양이와 보노보C

일러스트레이터 이소주

철공소가 줄지어 늘어선 문래동에 2000년대 중반부터 젊은 예술가들이 모여들기 시작했다. 화가, 사진가, 문화기획자, 재활용 아티스트, 마이미스트에 이르기까지 분야도 성향도 가지각색인 사람들이 모여든 이유가 있다.
"건물은 좀 허름해도 되게 싸대."
"사람들도 재밌고, 잘만 꾸미면 제법 괜찮다던데."
마음은 창작열로 들끓지만 주머니는 가벼운 예술가들 사이에 알음알음 소문이 나면서 문래동에 자생적으로 생긴 창작 공간―사람들은 이곳을 문래창작촌이라 부른다. 늦은 저녁 철공소 직원들이 퇴근하며 셔터를 내리고 나면, 작가들이 그린 그라피티가 모습을 드러내는 곳. 이 창작촌 한가운데 나무집을 짓고, 발랄한 고양이 다섯 마리와 함께 살아가는 일러스트레이터 이소주를 만났다.

'환경·사회·예술 분야의 다큐, 올인원 프로젝터, 100인치 스크린, 1.5마력 컴프레서, 건타카, 절단기, 고양이와 함께 살 때 필요한 얄팍한 지식.'

이소주의 작업실을 찾아가면 공유할 수 있는 것들의 목록이다. 일러스트레이터라는 정보를 입수하고 왔건만, 막상 작업실 안으로 들어서니 입구에 떡하니 놓인 각종 공구며 절단기까지, 언뜻 보기엔 조각가의 작업실 같다. 재활용 예술에 관심이 많은 작가의 취향을 반영하듯, 작업실 한 구석에는 자투리 나무토막들이 빼곡하다. 작업실 입구에 놓인 유리 등받이 의자도 창문을 개조해 만든 것이다. 등받이 위에는 조명까지 들어오는 독특한 작품이다.

"아마 문래동에서 용접할 줄 아는 일러스트 작가는 별로 없을걸요. 전 설치미술에도 관심이 많아요. 하고 싶은 작업도 그림보다 조형물 쪽이고요. 그런 걸 만들어서 사진을 찍어 이미지화하고, 다시 그걸로 이야기를 만들어내는 작업을 하고 싶어요. 사실 요새는 일러스트레이션보다 기획하고, 프로젝트 짜고, 뭔가 만드는 일을 더 많이 해요."

하늘을 나는 고양이와 보노보C
일러스트레이터 이소주

　이소주는 신문사에서 삽화와 시사만평을 그리다 일러스트레이션을 좀 더 공부하고 싶어 무작정 회사를 그만뒀다. 그리고 온라인 일러스트레이터 모임에서 알게 된 선배의 소개로 문래창작촌에 들어왔다. 그때가 2005년, 문래창작촌이 막 형성될 무렵 입주한 초창기 멤버다.
"회사 그만두고 여유는 없고 작업실을 구하는데 어디가 좋을까요, 했더니 같이 쓰자는 분이 있었어요. 오라는 주소로 갔더니, 컴컴한데 어디 앞에서 전화하래요. 전화했더니 셔터가 착 올라가더니 '들어오세요' 그래요. 그 장면이 아직도 생각이 나요. 그 광경이 너무 재밌는 거예요. 올라가서 봤더니 작업실도 괜찮고 보증금 없이 한 달에 10만 원만 내면 된다고 해서 8개월쯤 있었죠. 그러다가 나만의 공간이 있

어야겠다 싶어서 2006년 1월 여기로 온 거죠."

 2006년까지만 해도 문래창작촌 내의 작업실은 10개 정도에 불과했지만 2007년 들어 40~50개로 늘면서 독특한 문화 현상으로 언론의 주목을 받기도 했다. 초창기 멤버인 만큼, 그는 다른 작가들이 문래창작촌에 작업실을 얻을 때 조언해주는 도우미 역할도 자청하고 있다. 그래서인지 그의 작업실엔 수시로 이웃 작가들이 드나든다. 옆방에 입주한 일본인 마이미스트 오쿠다 마사시 씨가 절단기를 함께 운반하자며 도움을 청해 오고, 얼마 전 발간된 〈문래아트 아카이브전 2010〉 도록을 받으러 온 작가도 찾아와 잠시 고양이 이야기를 나누다 간다. 가만히 앉아 구경하니, 마치 예술가들의 동사무소에

하늘을 나는 고양이와 보노보C
일러스트레이터 이소주

와 있는 것 같은 느낌이 든다. 하긴 여기는, 커뮤니티 아트를 지향하는 작가의 작업실이니까.

"보노보라는 동물을 보면, 사람이 어떻게 살아야 되는가에 대한 답이 있는 것 같아요. 흔히 폭력적이라는 점에서 인간 문명을 침팬지에 비유하는데, 침팬지는 우두머리 싸움에서 이기면 상대의 자식을 모조리 죽여 없애잖아요. 근데 보노보는 다 거둬서 키워요. 보육 시스템도 체계가 있고요. 보노보는 욕심 갖지 않고 필요한 것들을 그때그때 서로 나누는데요. 그걸 보면서 우리가 사는 도시도 비폭력적이고 평화로운 곳이 되었으면 싶어서 '보노보C'라는 프로젝트를 시작했어요."

보노보C는 문화예술 쪽으로 좁게는 문래동, 넓게는 영등포구라는 지역적 범위 안에서 초등학교, 공부방, 노인복지관, 청소년센터, 문래동 주민들이 운영하는 철공소 등으로 네트워트를 만들어 가는 작업이다. 흔히 공공미술 프로젝트는 단발성 행사에 그치기 쉽다. 그러나 프로젝트가 끝나면 작가들이 우르르 빠져나가는 게 아니라, 현재 문래창작촌에 거주하는 작가들이 커뮤니티를 만들고, 다시 이 커뮤니티가 지역사회와 함께 소통하며 결과물을 만들어낸다면 어떨까 생각한 것이다. 작가가 생각하는 커뮤니티 아트란 그런 것이다. 그는 프로젝트를 기획해서 사람들이 연결되고 만나고 놀며 일을 벌이는 과정에 의미를 둔다. 지역 작가, 지역 주민들과 함께하는 활동 자체가 예술을 대중적으로 실천하는 방법이라 믿는 것이다.

"2009년에 '아트 간판 프로젝트'를 했었는데, 철공소 아저씨 한 분도 직접 참여했

어요. 철 자재를 사용해서 뭔가 만드는 기술은 아저씨가 훨씬 더 기능적으로 잘 하시잖아요. 그걸 보고 주변 철공소 사장님들이 부러워하면서 관심을 보이시더라고요. 지금은 작가들이 거리 조성 프로젝트를 하고 있어서 벽에 그림을 그리는데, 허가를 받아야 하니까 철공소 분들과 작가들 사이에 대화도 하고, 서로의 입장도 이해하게 돼요. 어떤 분은 임대가 잘 되지 않는 공간을 창고로 쓰라고 빌려주기도 했고요."

　작업실 안에 또 작업실이 있는 것이 이소주가 운영하는 공간의 재미다. 바깥 작업실이 이웃 작가들을 접대하는 기능을 하면서 조형 작업도 할 수 있는 곳이라면, 나무 골조로 리모델링한 작업실은 본업인 일러스트레이션에 집중하고 숙식도 할 수 있는, 부엌까지 딸린 원룸형 공간이다. 작업실에서는 손

그림도 그리지만, 리터치를 비롯한 후반 작업은 30인치 대형 모니터와 태블릿으로 작업한다.

잠시 나무집 안을 둘러보는 사이에, 갈빗대처럼 나무를 줄줄이 대서 만든 천장 위로 고양이들이 우두두 뛰어다닌다. 사다리를 타고 올라가 잠잘 공간을 염두에 두고 나름대로 복층 설계를 한 것인데, 지금은 원래 용도는 흐지부지되고 고양이가 올라가 아래를 관망하는 곳이 되었다. 일부러 고양이를 위해 만든 공간은 아니지만, 나무 타기를 좋아하고 높은 곳에 오르기를 즐기는 고양이에게 이곳만큼 '묘체공학'적인 캣타워가 있을까 싶다. 이 나무 원룸은 2008년에 지었다고 한다. 한 달 만에 뚝딱 만들었다는데, 바닥에 전기온돌 4장까지 깔린 걸 보면 그의 말처럼 '대충' 만든 솜씨는 아니다.

"원래 건축과 출신이라 설계사무소에서 설계를 2년 정도 했어요. 그때 건물도 한 100채 정도 설계했으니까. 아르바이트로 막노동 현장에서도 많이 일했고요. 벽도

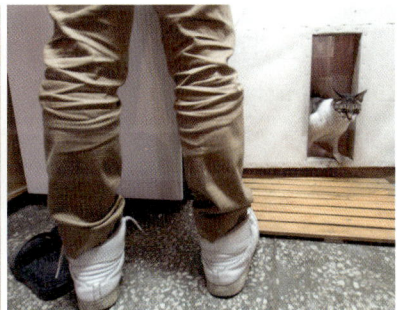

원래 창문 2짝짜리였는데, 창문이 크면 추우니까 다 막았어요. 추위를 견딜 수 있는 데 주안점을 두고 만들었죠."

작업실 외부와 나무집 사이를 가로막는 출입문 아래로 살짝 보이는 고양이 출입문도, 발상은 단순하지만 고양이를 배려한 시설이다. 두꺼운 비닐로 막아 바람이 새어 들어오는 것을 원천봉쇄하고 그러면서도 고양이들이 자유롭게 드나들 수 있도록 했다.

이소주의 다섯 마리 고양이는 2007년 7월 작업실에서 태어나 살기 시작했다. 임신한 어미 길고양이가 작업실로 따라 들어왔다가 낳은 새끼들이다.

"산책하고 있었는데, 어떤 고양이가 사람들이 막 다니는데도 의식하지 않고 걸어가는 거예요. 신기해서 미행을 했어요. 계속 쫓아가다가 불렀더니, 딱 돌아서서 저한테 막 오는 거예요. 그러더니 몸을 비비더라고요. 조금 더 가니까 애가 따라오고. 그래서 작업실까지 같이 왔어요. 행색이 남루하고 잘 못 먹은 것 같아서 물하고 사료랑 주고 '너 나랑 같이 살래?' 했죠. 그러고선 일주일을 함께 살았는데, 제가 보름간 배낭여행을 가면서 동물병원에 맡겨 놓고 다녀왔더니 고양이가 임신한 것 같대요. 7월 21일에 전시회 보러 나가는데, 고양이가 절 보면서 되게 우는 거예요. 왜 그러지, 싶은데 혹시 새끼를 낳으려나 싶어서 출산상자를 만들어놓고 나갔다 와보니 벌써 새끼들을 낳았더라고요."

새끼를 낳은 지 얼마 되지 않아 어미가 외출했다가 사고로 죽는 바람에, 작가가 아빠 노릇을 대신하며 분유 먹이고 유도배변을 시켜 간신히 살려냈다.

하늘을 나는 고양이와 보노보C
일러스트레이터 이소주

피똥을 싸거나 변비에 걸려 고생한 녀석도 있었지만, 다행히도 다 건강히 살아남았다. 여태까지 예방접종 한 번 안 했지만, 다들 건강하다.

고양이들 이름에 담긴 사연도 재미있다. '라이프'에서 '프'만 뗀 노랑둥이 고양이 '라이', 흑인 가수 레이 찰스를 생각하며 지은 턱시도 고양이 '레이', 어딘지 모르게 남미 느낌이 나서 지었다는 이름 '리오', 만화영화 속 흰 사자의 이름을 딴 '레오', 레이디에서 '이'자를 뺀 레디로 하려다가 한 글자만 바꾼 '레니'…….

"제가 고양이를 엄청나게 좋아하는 걸로 사람들이 오해하는데, 그 정도는 아니에요. 그냥 우리 애들이 고양이니까 좋아하는 거고. 원래 두 마리만 키우려고 했는데, 애들이 한 달 반 정도 지나니까 대소변 가리고 사료를 먹기 시작하는데 너무 예쁜 거예요. 그때 입양 보냈어야 했는데 때를 놓친 거죠. 밤에 산책 나가면 고양이 다섯 마리가 졸졸 따라다녀요. 그럴 땐 타잔이 된 듯한 기분이죠."

고양이와 함께 작업실에 있다 보면 가끔 말썽을 부릴 때도 있다. 작업에 몰두하다 보면 미처 중간 과정을 저장 못할 때가 많은데, 고양이가 무심코 키보드 자판을 밟고 지나가버려서 컴퓨터가 꺼져버린 일이 세 번쯤 있단다. 다섯 마리 고양이들에게서 빠지는 털의 양이 엄청난지라, 이불에 붙은 털을 일일이 떼는 건 아예 포기하고, 이불보다는 털이 덜 달라붙는 침낭에서 잔다. 나름대로 멋을 내고 싶어 옷에 붙은 털도 꼼꼼히 떼고 나간 날, 사람들이 "혹시 고양이 길러요?" 하고 물어볼 때면 머쓱하지만, 그것 역시 고양이와 함께 사는 사람의 숙명이니 어쩔 수 없다. 남자 혼자 쓰는 작업실이라기엔 너무 깨끗하다 싶었는데, 털이 너무 날려서 매일 한 번은 청소기를 돌리지 않으면 안 된단다. 빠꾸빠꾸, 베스트 토레서, 심지어 1회용으로 뜯어 쓸 수 있는 털 떼기 테이프까지 갖추고 있는 걸 보면 그가 고양이 털 때문에 얼마나 고생했는지 짐작이 간다.

다섯 마리 고양이들 중에 가장 다정한 건 라이다. 함께 사는 사람이 기분이 안 좋거나 우울해도 리오 같으면 막 촐싹거리면서 달려들 텐데, 라이는 태도가 좀 다르단다.

"라이는 거리를 두고 항상 옆에 있어주면서, 제가 쓸쓸해 보일 때면 뭘 아는 것처럼 다가와서 등을 대고 딱 엎드려요. 그럴 때 위안이 많이 되죠. 아무래도 작업실에

하늘을 나는 고양이와 보노보 C
일 러 스 트 레 이 터   이 소 주

혼자 있고, 가족들이랑 떨어져서 지내니까요. 작업실 문을 열었을 때 고양이가 여기 저기 있으면 초현실 같아요. 나중에 여유가 되면 고양이로 착시현상을 만드는 작업도 해보고 싶어요. 컴퓨터 앞에 고양이가 앉아 있으면, 모니터 안에도 그런 고양이들이 계속 있는 거죠."

처음에는 고양이를 두고 외박을 하면 혹시 무슨 일이 생길까 하는 걱정에 1박 2일짜리 여행도 못 갔지만, 함께 산 지 3년이 넘은 지금은 짧은 여행이면 밥이랑 물을 넉넉히 챙겨주고 다녀오기도 한다. 특히 고양이에게는 밥만큼 물을 먹이는 게 중요하기에, 그의 작업실엔 고양이 물그릇이 3개다. 혹시 여행을 가게 될 경우에는 이웃 작가에게 고양이 물이 떨어지지 않았는지 확인

해달라고 부탁하고 갈 정도다.

"사람들이 고양이 키우는 일에 대해 가끔 물어봐요. 그냥 취미 생활 하듯이 키울 거면 절대 키우지 말라고 그래요. 왜냐면 일단 애네들은 도시에서 스스로를 책임질 수 있는 상황이 많지 않잖아요. 버려져서 방치되면 길거리에서 교통사고가 나서 죽거나, 병에 걸려서 죽는데…… 개는 더 심하고요."

일러스트레이션의 경우 외부에서 의뢰받아 하는 작업이 많기 때문에 고양이만 그리지는 않지만, 고양이와 함께 살기 시작한 뒤로는 그의 그림 속에도 고양이가 자주 등장하게 됐다. 특히 표현의 제약이 없는 판타지풍의 작업을 할 때면 무조건 고양이를 그려 넣는다. 이소주의 그림 속에서 고양이는 로봇버스가 되어 사람들을 태우고 달리거나, 슈퍼맨이 되어 하늘을 나는가 하면, 실크 해트를 쓴 마법사가 되어 멋진 묘기를 부리기도 한다. 그중에서도 유독 하늘을 나는 모습이 많은데, 알고 보니 그는 고등학생 때부터 오토바이를 타고 산업도로를 달리던 스피드광이었다고 한다.

"빠른 속도로 달리면 머릿속에서 뭔가 팍 날아가는 것 같고 스트레스도 없어져요. 그래서 진짜 날아다닐 수 있으면 얼마나 더 좋을까, 하는 생각을 가끔 해요. 그림도 그런 생각을 하면서 그려보는데, 중력이나 인력에 대한 관념을 조금만 바꿔놓아도 되게 재밌는 그림이 되거든요."

그가 그린 일러스트레이션 중에는 줄무늬 안경을 쓴 고양이가 종종 등장하는데, 사소한 장식적 요소로 보이는 줄무늬나 안경에도 의미가 있다. 『이상한 나라의 앨리스』에 나오는 체스 판처럼, 흰색과 검정색이 교차되는 식의 반복 패턴이 판타지를 표현하는 데 도움이 된다고 한다. 사람들의 주목도 끌고, 그림 풍도 차별화되는 것 같아서 줄무늬나 반복 패턴을 즐겨 쓴다.

  지구를 하나의 유기적인 생명체로 보는 가이아 이론처럼 모든 것에 다 생명이 있고, 그들이 유기적으로 조화를 이루며 살아가야 한다고 이소주는 생각한다. 그래서 무생물인 버스나 건물도 그의 그림 속에서는 자연스럽게 의인화되어 유쾌하게 움직인다. 현실에서는 불가능한 일이지만, 판타지로 풀어내면 충분히 가능한 일이다. 그런 생각을 어린이도 쉽게 볼 수 있는 책으로 풀어내는 그림책 작가가 되는 것이 그의 최종 목표다. 세상의 모든 생명뿐 아니라 사물조차도 인간과 동등하게 공존하는 세상, 그것이 그가 바라는 보노보C다운 세상인지 모른다.

블로그 ▶ http://blogmoon.co.kr/chamisl
            http://blog.naver.com/chamisl75

하늘을 나는 고양이와 보노보C
일러스트레이터 이소주

「달리는 예술버스」, 판화지에 오일파스텔·파스텔, 52×37cm, 2007

상처의 기억을

껴안은

나무사람

조각가 홍경님

고양이와 함께 살기 시작한 뒤로, 언젠가 찾아올 이별을 생각해보곤 한다. 조각가 홍경님과 만날 약속을 잡다가, 이메일 한 구절에 목이 멘 것도 그래서였다. "옷 어딘가에 고양이 털을 묻힌 채 저를 방문해주시는 손님이란, 상상하는 것만으로도 반갑고 행복합니다. 제 옷에서는 이제 고양이 털이 안 보이더군요"라고, 그는 썼다. 내 고양이의 마지막 흔적이라 생각하면, 귀찮기만 했던 고양이 털도 그리워질까. 밥상에 내려앉던 고양이 털을 더 이상 볼 수 없고, 옷가지에도 털이 묻지 않는 날이 오면, 그제야 내 고양이의 부재를 받아들이게 될까. 그 털 한 올의 의미가 생생하게 가슴을 저며와서 마음이 아렸다.

홍경님의 집에서는 어렸을 때부터 동물을 많이 키웠다. 앤디 워홀이 자신과 함께했던 모든 고양이에게 샘Sam이란 이름을 붙여준 것처럼, 홍경님의 집을 거쳐 간 동물들의 이름은 모두 방울이였다. 덩치 큰 셰퍼드도 방울이, 조그만 발바리도 방울이, 아마 닭을 키웠어도 방울이라고 불렀을 거란다. 홍경님이 서울에서 자취를 시작하면서 처음 키운 고양이도 방울이였다. 자취방이 좁아 불쌍하다며 부모님이 데려갔지만, '1대 방울이'는 고향집에서 세상을 뜨고 말았다. 그리고 1994년 봄, 그가 학교 선배와 함께 트럭 밑에서 구해낸 아기 길고양이가 '2대 방울이'가 되었다. 고전적인 5대 5 가르마를 곱게 탄 고양이는, 그렇게 그의 곁에서 16년을 살았다.

"제가 얼굴이 넓적한 고양이를 좋아하는데, 방울이도 딱 그랬어요. 근데 방울이 데려온 날 엄마가 전화해서 '집에 고양이 들여놨니?' 하시는 거예요. 꿈에 중국 동자처럼 양쪽으로 만두머리를 한 예쁜 꼬마가 넙죽 인사하면서 '제가 방울이에요, 감사합니다' 하더래요. 그러면서 보통 인연이 아닌 것 같다고 하시더라고요. 엄마들 꿈은 예사롭지 않잖아요."

상 처 의 기 억 을 껴 안 은 나 무 사 람
조 각 가   홍 경 님

방울이는 사람 말도 묘하게 잘 알아들었다. 집에 와서 8년간은 홍경님의 침대에서 함께 잠을 잤는데, 이불에 고양이 털이 잔뜩 붙은 걸 본 아버지는 그게 영 탐탁지 않았던 모양이다. 방울이가 여덟 살 되던 해, 아버지가 베란

다에서 이불을 털면서 "네가 만날 이불 위에서 자니까, 털 때문에 너희 언니 다 죽겠다" 하고 방울이를 야단친 적이 있었다. 그날 밤부터 방울이는 침실에 들어오지 않았다. 침실 문을 열어놔도 꼭 문 앞까지만 와서, 그리운 듯이 침대 쪽을 보며 잠들곤 했다.

"방울이가 죽기 이틀 전에, 8년 만에 침실로 들어왔어요. 침대 밑에 눕더니 거기서 자겠다는 거예요. 그때 '애가 곧 죽겠구나' 싶었는데, 하루 종일 꼼짝 안하고 눈만 뜨고 있는데도 못 죽어요. 마지막 날은 옆에서 24시간 지켜보는데, 몸은 이미 딱딱해져서 심장에서 먼 부분부터 굳어가요. 다리도 굳고, 배도 너무 딱딱한데 '방울아' 부르면 귀랑 꼬리 끝만 살짝 움직이고."

방울이와 이별을 준비하면서 인터넷 고양이 커뮤니티를 가봐도, 늙어서 죽어가는 고양이에 대한 정보는 얻을 수 없었다. 동물병원에서도 "그냥 마음의 준비를 하세요, 16년 살았으면 천수를 누린 거예요"란 말만 들었다. 방울

이가 죽던 날, 숨을 놓지 못하고 버티는 모습이 안쓰러워 "이제 그만 애써도 된다" 하고 토닥이다. 혹시 방울이가 보고 싶은 사람이 있어 그러나 하는 생각이 번뜩 들었다. 아무래도 엄마가 와야 할 것 같았다.

"밤 11시에 엄마가 오셔서 '너 이제 인사할 사람 다 했으니 괜찮아' 하니까, 20분 있다 방울이가 죽었어요. 꼼짝 못하고 누워 있던 애가, 갑자기 벌떡 일어나더니 안방 화장실로 비틀비틀 가서 초록색 위액을 토하더라고요. 그 깔끔쟁이가 토하는 것도 화장실에 하고 싶었던 거죠. 토하자마자 그대로 쓰러졌어요. 정말 그게 끝이었던 거예요. 방울이처럼 착한 고양이가 없었어요. 마지막까지 속 썩이는 일도 없이 깨끗하게 떠났으니까요."

노환으로 인한 자연사였기에 갑작스런 사별은 아니었다. 그러나 이별을 예측할 수 있었다 해서 상실감이 없는 것은 아니었다. 방울이가 떠나고 홍경님은 나흘 동안 앞을 잘 볼 수 없었다. 콘택트렌즈를 껴도 맨눈처럼 눈앞이 흐렸다. 다행히 나흘 만에 시력은 돌아왔지만, 그의 상심이 큰 것을 본 어머니는 딸이 집을 비운 사이 집 안의 고양이 털을 몽땅 청소해버렸다. 고양이 털이 눈에 띌 때마다 딸이 슬퍼할까 봐.

"꼭 엄마가 그럴 것 같아서, 방울이를 관에 담으면서 방울이 털을 조금 모아놨어요. 방울이의 흔적이 모두 사라지면 너무 서운하잖아요. 모아놓은 털은 집에도 두고, 작업실에도 두었지요."

남겨진 사람의 회한이 너무 크면 망자도 홀가분히 떠날 수 없다는데, 방울

상처의 기억을 껴안은 나무사람
조각가 홍경님

이도 그랬던 모양이다. 어느 날 밤 꿈에는 방울이가 나타나 사람처럼 말을 하는 게 아닌가. 생전에 방울이가 무슨 생각을 했는지, 자신과 소통은 잘 됐는지 궁금했던 홍경님은, 방울이를 안고서 하고 싶던 말을 털어놓았다.

"제가 1년간 영국에 있었는데요. 그때 방울이가 열네 살의 늙은 고양이였는데, 출국하기 전에 널 버리는 게 아니라고, 1년 뒤에 꼭 온다고 말해줘도 제 마음이 불안한 거예요. 환경이 바뀌면 자기가 버려졌다고 생각할까 봐, 나 없을 때 쓸쓸하게 죽을까 봐. 그래서 1년 동안 부모님을 우리 집에서 사시게 했어요. 방울이 환경이 바뀌지 않게 해주려고요. 그때 영국에 있으면서 내내 방울이를 걱정했던 일, 더 멋진 이름으로 불러주지 못해서 미안했던 일…… 다 얘기했어요. 그런데 방울이가 '함

께 살아서 저도 너무 행복했어요' 하더니 머리를 툭 떨어뜨리는 거예요."

꿈에서도 방울이가 다시 죽은 셈이지만, 슬프지 않았다. 자신과 함께한 방울이의 삶이 행복했을지, 혹시 친구가 필요하진 않았을지 온갖 상념으로 힘겨웠는데, 그렇게 마음에 맺힌 응어리마저 풀어주기 위해서 다시 온 것이구나 싶었다. 혹시나 싶어 날짜를 세어보니 신기하게도 방울이가 꿈에 나타난 날은 49재 날이었다. 홍경님은 방울이가 좋은 곳에 다시 태어나도록 간소한 의례를 올려주었다. 서재 방 한쪽에는 아직도 고양이 기념품과 방울이 털이 담긴 그릇 등을 모아 둔 '방울이 사당'이 있다. 한때 방울이의 유골단지도 보관했지만, 결국 작가가 가장 좋아했던 백일홍 나무 밑에 고이 뿌려주었다. 내리는 빗물에 방울이의 혼이 땅으로 스며들어 백일홍으로 다시 태어나도록.

그렇게 방울이와 작별한 홍경님은 아직 다른 고양이를 가족으로 들이지 못하고 있다. 2년이 넘는 세월이 지났지만 또 다시 고양이를 먼저 보낼 자신이 없다. 요즘은 집 근처 길고양이에게 밥을 주는 것으로 헛헛함을 달래고 있다. 방울이 생각에 마음이 아릴 때면, 영국에 머물던 시절 이웃집 캐롤 할머니의 위로를 떠올린다.

"캐롤은 방울이보다 두 살 많은, 릴리라는 고양이를 키우는 할머니인데요. 캐롤의 집에 가서 한국에 있는 방울이가 너무 보고 싶다고 그러면, 자기가 '영국식 위로'를 해준대요. 첫 번째 위로는 따뜻한 차를 대접하는 것, 두 번째 위로는 자기처럼 뚱뚱한 할머니가 큰 가슴으로 안아주는 것, 그리고 세 번째 위로가 가장 중요한데, 고양

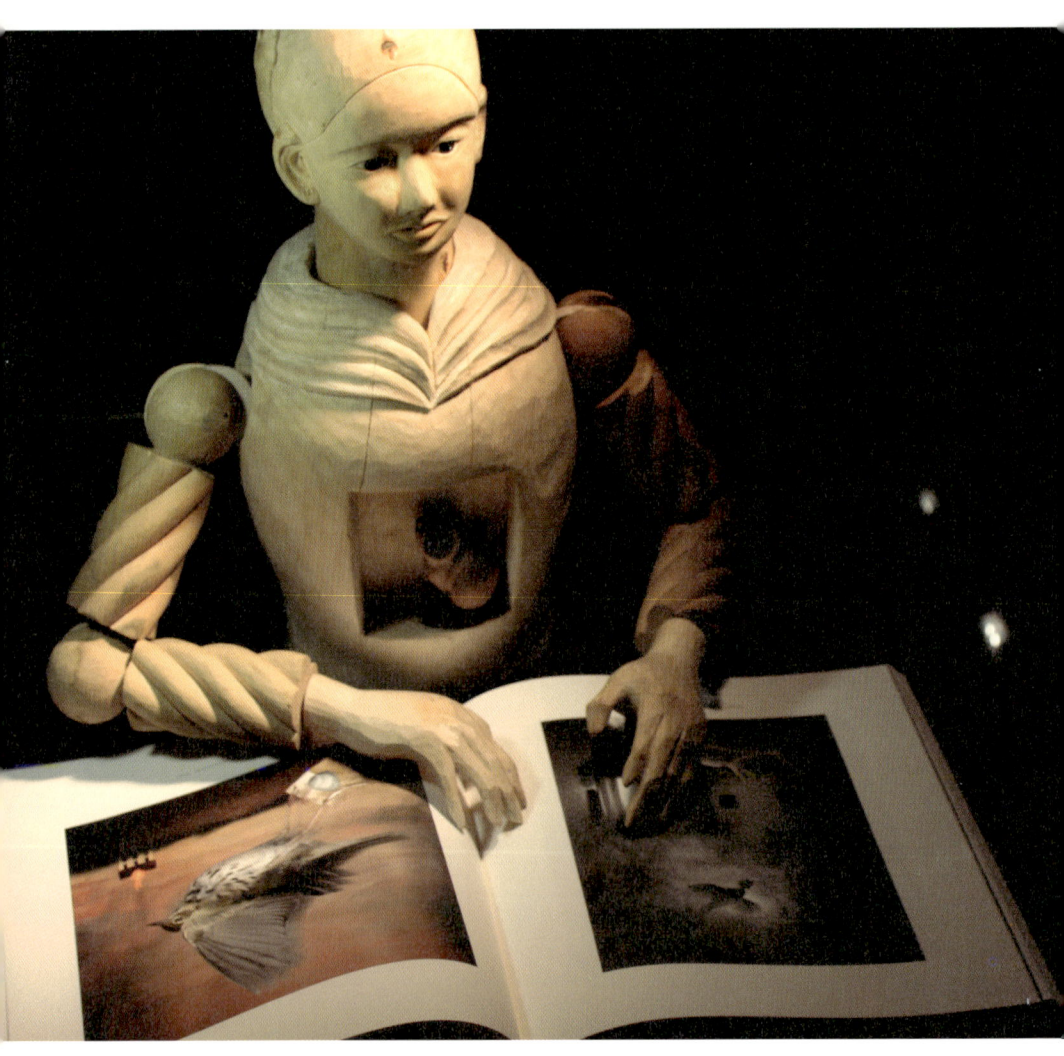

「17BECKETT-당신을 아무리 먹어봐도 허전한 내 속은 채워지질 않고」, 은행나무·잣나무·마티카·홍송, 높이 45cm, 2007

이를 빌려주는 거래요. 썩 웃으면서 릴리를 제 무릎에 놓아주는데 참 좋았어요. 방울이가 죽을까 봐 불안해하는 저에게 건강하게 기다리고 있을 거라고, 혹시 죽더라도 방울이가 오랜 시간 주었던 행복을 생각하라고 하더군요."

고양이를 다시 키울 엄두는 나지 않지만, 가끔 다른 사람의 고양이를 안아본다. 고양이 한 마리만큼의 묵직한 충만감, 그릉그릉 하는 기분 좋은 목울림, 두 팔 가득한 온기……. 그에게 고양이는 그저 곁에 있는 것만으로도 마음을 위로해주는 치유력을 지닌 존재다. 오랜 시간 고양이와 교감해오면서, 홍경님은 그런 고양이의 모습에 자연스럽게 자신을 대입하게 되었는지도 모른다. 인간과 동물의 요소가 결합된 그의 작품에서, 특별히 자화상과 같은 의미를 둔 작품은 고양이 귀를 지닌 인간으로 묘사되곤 했으니 말이다.

그의 작업실 문을 열고 불을 켰을 때, 분명히 인기척 없던 텅 빈 방에서 사람의 기운을 감지하고 깜짝 놀랐다. 가만히 보니 작가가 만든 반신상이었다. 사람 모양의 나무 조각에 피가 묻으면 도깨비가 된다는데, 성격이 급해 잘 다치는 바람에 피 묻지 않은 조각이 없으니 도깨비가 되고도 남았을 거라며 홍경님이 웃는다. 조각에 쓰는 공간은 전체 면적의

4분의 1 정도로, 바닥에는 톱밥이 잔뜩 깔려 있다. 나무 특유의 향기도 좋고, 날카로운 도구를 손에서 놓쳐 떨어뜨렸을 때는 튕겨나가지 않게 완충재 역할도 하기 때문에 작업 중에 나오는 톱밥이며 나무 칩을 버리지 않고 그대로 둔 것이다.

사람에게 저마다 다른 체취와 성격과 말투가 있듯이, 나무도 특유의 향기와 색깔을 지닌다. 팽나무는 우울증을 치료하는 약재로도 쓰고, 은행나무나 소나무는 조각 재료로 무난한데, 가장 결이 예쁜 건 잣나무란다. 가슴에 조그만 고양이를 품은 조각 「17BECKETT-당신을 아무리 먹어봐도 허전한 내 속은 채워지질 않고」를 보면, 사용한 나무에 따라 색깔도 다름을 알 수 있다. 꽈배기 모양의 팔은 마티카, 손은 잣나무, 고양이는 짙은 색이 나는 홍송紅松을 썼고, 몸통과 얼굴은 은행나무로 만들었다.

홍경님의 초기작에서 고양이 가면을 쓴 어릿광대의 모습으로 등장했던 나무사람은, 점차 가면을 벗고 맨얼굴을 드러낸다. 누군가는 나무사람의 담담한 얼굴에서 평안을 읽어내지만, 때로 그 얼굴은 스스로의 의지로 통각을 잃은

듯 보이기도 한다. 반복되는 고통에 단련되어 웬만한 타격에는 고통을 느끼지 못하는 차력사처럼. 한데, 맞아도 슬퍼도 아프지 않은 사람이 있겠는가. 겉으로 드러나는 표정이 담담할수록, 나무사람은 마음속 깊이 아픔을 억누르고 있는지도 모른다. 그렇게 마음의 심연에 억눌려 있던 감정은, 어느 순간 원초적인 동물의 형상이 되어 나무사람의 몸을 비집고 튀어나온다. 양, 해마, 물고기, 올빼미…… 말로 표현하지 못했던 그 무엇을 상징하는 동물들의 형상은, 작가가 천착해 온 주제인 '말의 무게'와 맞닿아 있다.

"처음 이 작업을 시작한 것도, '말이란 것이 참 어려워서'라고 생각했어요. 말의 목적이 타인과의 소통인데, 우리는 늘 말을 나누면서도 서로를 이해하는 데는 자신이 없잖아요. 가장 사랑하는 사람들 간에도 말은 종종 상처가 되고요. 그런 걸 생각하니 살면서 점점 입을 다물고 말을 삼켜버리게 되는 일이 많아지더라고요. 머릿속 말의 무게가, 참 무거워요. 할 말은 많지만 차마 못할 말, 도저히 밖으로 못 내놓을 만큼 깊고 무거운 말. 제 조각들은 그렇게 입을 다물어버린 사람의 말이 물고기나 양 같은 형상이 되어 몸 어딘가에 박히거나 튀어나오는 모습이에요. 처음에는 머리

「시름-실음(失音)」, 잣나무·파덕·호두나무·춘양목, 높이 37cm, 2008(앞 페이지 위)
「방 안에 앉아서도 우리는 비를 맞았다」, 은행나무, 높이 45cm, 2008(앞 페이지 아래)
「양을 안고 돌아오는 밤」, 나무, 높이 61cm, 2009(위)

위에 뭔가를 —그게 사랑이건 괴로움이건 간에— 얹고 있는 모습이 많았어요. 그 동물들이 점차 머리에서 몸으로 내려오는 형식이 되었는데, 의도했던 건 아니지만 점점 조금은 편안해지는 느낌이 들어요."

홍경님의 조각이 얼굴을 다룬다는 점은 의미심장하다. 얼굴은 인간의 정체성을 가장 명확하게 드러내는 장소이자, 모든 기억의 저장고이고 발화점이기 때문이다. 머릿속에 수많은 말이 어지럽게 떠돌아도 입으로 토해낼 수 없는 날, 마음에 품고만 있어도 버거운 말의 무게를 감당하기 힘겨워지면, 홍경님은 칼을 든다. 사람의 상반신 하나가 딱 들어갈 만한 크기의 나무를 골라 한 점씩 살을 베어낼 때마다, 미처 문장이 되지 못한 말의 파편이 바닥에 나뒹군다. 마음 깊은 곳에 매장되었던 말의 혼이, 칼끝을 타고 나무에게로 빙의되어 동물의 형상을 띠기 시작한다. 한 몸이면서도 다른 두 존재는 그렇게 나무사람의 몸 안에 자리를 잡는다. 홍경님의 페르소나인 그 얼굴은, 인간과 동물의 영혼을 공유한 토템과 흡사한 모습으로 완성된다. 어떤 각도에서 보

면 슬퍼 보이고, 어떤 각도에서는 살며시 미소 짓는 듯한 얼굴로 보이는 것은 입체 작업만의 묘한 매력이다.

   나무사람은 종종 균열이 생기기도 한다. 갈라짐을 막을 방법이 없는 것도 아니다. 목불상을 만들 때처럼 나무를 양쪽으로 잘라 속을 파내고 붙여 만들면 된다. 하지만 그는 나무의 균열도 나무가 지닌 자연스런 성질로 받아들인다. "물론 작품에 균열이 생기면 가슴이 아프죠. 하지만 나무는 계절에 따라 갈라지고 터졌다가도 다시 흔적도 없이 붙기를 반복해요. 저는 그게 좋더라고요. 깊은 상처가 생기고 아물기를 계속하는 것이 마치 우리들 모습 같아요. 균열은 제 작업과도 무관하지 않아서 그냥 한 부분으로 받아들입니다."

   그는 조각에 눈동자를 맨 먼저 그려 넣는데, 그래야 도중에 어떤 일이 생기

상처의 기억을 껴안은 나무사람
조각가 홍경님

더라도 그 작품을 포기하지 않고 끝까지 완성할 수 있다고 한다. 가끔 나무를 깎다가 예상치 못한 부위에서 단단한 옹이나 끈적이는 송진 덩어리를 발견할 때도 있다. 그러나 그는 나무를 버리지 않고 계속 깎아나간다. 뜻하지 않게 갈라진 나무를 만날 때면, 나무와 함께 공동으로 작품을 완성해가는 기분마저 든다. 자신이 칼로 나무를 베고 깎을 때, 나무도 제 속에 품은 상처를 온몸으로 표현하고 있었을 테니까.

나무의 옹이와 갈라짐마저 작품의 일부로 받아들인 나무사람의 몸에는, 희미한 흉터 같은 흔적이 남는다. 제3자의 입장에서 볼 때 누군가의 흉터는 외면하고 싶은 것일 수도 있다. 그러나 상처 입은 당사자에게 흉터의 의미는 복합적이다. 흉터는 이미 고통이 지나갔다는 신호이자 치유된 상처의 증거고, 생존자의 훈장과도 같은 의미를 지니기 때문이다.

누구나 살아가는 동안 크고 작은 상처에 아파하지만, 세월이 지나면 그 상처는 다시 아물기도 할 것이다. 16년간 사랑했던 고양이를 떠나 보낸 상처도 언젠가 추억으로 남게 되듯이. 계절의 순환에 따라 미세하게 갈라졌다가도 다시 몸을 추스르는 나무처럼, 상처를 기억하고 치유해나가는 홍경님과 그의 조각은 참 많이 닮았다.

블로그 ▶ 복화술사의 방 http://blog.naver.com/macondo0927

고경원

대학과 대학원에서 회화를 전공했고, 2001년부터 웹진 및 잡지기자로 일했다. 2002년 여름, 길고양이의 삶을 글과 사진으로 담기 시작했다. 「도시 속 길고양이의 삶, 3년간의 기록」(2005)을 비롯한 취재기로 다음커뮤니케이션 제1회 블로거기자상(2007)을 수상했다. 4년 6개월간 만난 길고양이 이야기 『나는 길고양이에 탐닉한다』(2007), 일본 고양이 여행기 『고양이, 만나러 갑니다—행복한 고양이를 찾아가는 일본 여행』(2010)을 펴냈다. 8년간 기자와 출판편집자로 일했던 경험을 토대로, 고양이 책을 기획하고 쓰며 살고 있다.

작업실의 고양이
고양이를 사랑한 젊은 예술가를 만나다
ⓒ 고경원, 2011

초판인쇄	2011년 3월 4일
초판발행	2011년 3월 15일

지은이	고경원
펴낸이	정민영
책임편집	손희경
편집	변혜진
디자인	문성미
마케팅	이숙재
제작처	영신사(인쇄) · 용산PUR(제본)

펴낸곳	(주)아트북스
출판등록	2001년 5월 18일 제406-2003-057호
주소	413-756 경기도 파주시 교하읍 문발리 파주출판도시 513-8
대표전화	031-955-8888
문의전화	031-955-7977(편집부) l 031-955-3578(마케팅)
팩스	031-955-8855
전자우편	artbooks21@naver.com
홈페이지	www.artinlife.co.kr

ISBN 978-89-6196-081-6 03810